Pierre-Gauthiez

PROMENADES ❦
❦ PARISIENNES

CROQUIS ET FANTAISIES

BLOVD ET Cie

à madame Piers-Gauttier

Promenades parisiennes

5823

DU MÊME AUTEUR

ÉTUDES D'ART ET D'HISTOIRE

P.-P. Prudhon, 1885 (*épuisé*).
Rabelais, Montaigne, Calvin (Études sur le seizième siècle), 1893.
Hans Holbein, 1907.
L'Italie du seizième siècle.
    I. — *L'Arétin*, 1896 (*épuisé*).
    II. — *Jean des Bandes noires*, 1901.
    III. — *Lorenzaccio*, 1904.
    IV. — *Bernardino Luini*, 1906.
Milan, ville d'art, 1905.
Essais de biographie synthétique.
    I. — *Dante*, Essai sur sa vie d'après l'œuvre et les documents.

SOUS PRESSE :

    II. — *Henri Heine*.

ROMANS

La Danaé, 1887 (*épuisé*).
L'Age incertain, 1898.
Ombres d'amour, 1899.
La Dame du Lac, 1900.
Amours factices, 1902.
Les Albanais, 1904. *Mœurs du Finistère provençal.*
Contes sur vélin, 1912.

POÉSIES

Les Voix errantes, 1885.
Les Herbes folles, 1892.
Deux Poèmes, 1894.
Isle-de-France (Paris, Banlieue), 1901.
Au soleil de Versailles, 1910.

SOUS PRESSE :

Jacques Bonhomme, poème de la France.

PIERRE-GAUTHIEZ

Promenades parisiennes

CROQUIS ET FANTAISIES

PARIS
BLOUD ET Cie, ÉDITEURS
7, PLACE SAINT-SULPICE, 7

1912
Tous droits réservés

Les pages qui suivent ont paru dans l'Écho de Paris *de 1908 à 1912.*

P. G.

PARIS

MUSÉES PAYANTS

I

L'opinion publique s'émeut enfin, après une inertie trop longue, et le peuple parisien, le peuple français, semble commencer à s'apercevoir que ses musées lui appartiennent, et que leurs affaires sont ses affaires. Le ridicule expédient des tableaux mis sous verre est accueilli par la défaveur qu'il mérite. Et, ce qui est plus important, on se décide à proposer, avec une obstination louable, la solution, l'unique solution qui s'impose : faire payer l'entrée dans tous les musées, sans exception.

Les plus beaux musées de l'étranger tirent de cette règle excellente un fonds d'entretien et d'achat. Ils doivent à cette loi juste et naturelle un ordre, une hygiène, une propreté qui souvent sont exemplaires. Et dans notre Louvre, dans notre Versailles, dans nos musées principaux de Paris ou de la province, que voyons-nous ? Désordre, méphitisme, ordures sur les parquets et sur les murs.

Le Louvre, asile des apaches et des mendiants, parcouru par les hordes désordonnées que conduisent des bohèmes trop souvent avinés et presque toujours ignorants, le Louvre, qui semble à certains jours héberger une soupe populaire et une escouade de joueurs de golf ou de football, le Louvre devient de plus en plus inhabitable et invisible. Non seulement les garçons épiciers y crèvent les tableaux, mais encore il est tels endroits où la brigade qui surveille les filous gagnerait beaucoup à être renforcée par une brigade des mœurs. S'il fait beau, la poussière, soulevée par les cavalcades des agences ou par les noces à Coupeau, salit l'atmosphère et aveugle; s'il pleut, la sciure de bois détrempée salit les parquets et les souliers boueux les crottent. Tout cela se retrouvera, le lendemain, sur les tableaux, et alors on les riflera lourdement, à coups de plumeaux usés. S'il gèle, les gens qui habitent sous les ponts voisins viennent prendre un air de calorifère, et dorment, et se grattent sur les banquettes hospitalières.

Si l'on paye un franc à la porte, comme l'on fait en Italie, en Hollande, en Belgique — je cite seulement les pays qui ne passent point pour aristocratiques — si l'on paye ce que l'on doit payer, le public s'épure, on peut voir les tableaux en paix, on respecte ce grand trésor de la nation qui, désormais, s'enrichit par lui-même, et l'étude et l'amour du beau ne souffrent point, bien au contraire, puisque les cartes gratuites, les permis d'étude donnés et prodigués aux travailleurs, artistes, étudiants, ouvriers d'art, enfants des écoles sous la surveillance de leurs maîtres, permettent à ceux qui veulent et doivent voir de ne plus gaspiller leur course et de ne plus perdre leur temps.

Je connais les objections. Un officieux ami des musées, désintéressé, compétent, que je mettais au pied du mur, depuis si longtemps que je pense à cette inertie scandaleuse, me répondait un jour : « Il serait dangereux de faire payer. En cas d'émeute, on incendierait le musée. » Cette raison paraît bizarre et médiocrement solide. Je ne sache pas que, sous le second Empire, on fit payer à l'entrée du Louvre; j'y passais alors mes journées d'hiver, bambin de sept ans, avec l'homme qui m'apprit tout ce que je sais et m'a fait tout ce que je suis; et ni mon grand-père ni moi ne payions. Nous avons vu cependant, un beau jour de mai 1871, du haut des toits à Sainte-Barbe, le feu s'attacher au Louvre et menacer notre musée. Il ne fut point mis par les gens du peuple, irrités d'avoir dû payer leur place : c'est les ratés, les fous et les malandrins qui composent à tout jamais les bandes émeutières. Le vrai peuple éteint l'incendie, il ne l'allume point.

D'ailleurs, qui institue le payement dans les musées ? La ville de Paris, avec Carnavalet et ses deux autres musées, et, tout près du Louvre, le musée des Arts décoratifs. Et l'on n'en retire que des avantages. A la rigueur, on peut laisser le jeudi, le dimanche, deux après-midi gratuites, mais, du moins, il y aura là une quantité suffisante de gardiens, payés par l'entrée des autres jours, et de policiers soldés par le même fonds.

Le reste de l'argent pourrait servir aux achats. Et nous aurions, à ce propos, bien à dire sur un système d'acquisitions qui nous procura, sans compter cette inoubliable tiare, les trésors plus que contestables dont la presse officieuse elle-même signala récemment les tares et les prix surfaits. Mais si nous voulions pénétrer dans ces bureaux, dans cette école où se perpétuent, où s'aggravent, par un recrutement digne de l'Université même, tous les abus des coteries et tous les défauts des méthodes surannées, nous devrions faire un autre article. Il sera fait quelque jour. Les économies, pourraient, au Louvre, commencer par les lieux hauts, tandis que l'argent affluerait aux tourniquets d'en bas.

II

Et l'on ferait payer aussi Cluny, tout naturellement. Et j'espère bien que les Invalides imiteraient l'exemple. Mais surtout, on devrait fermer aux touristes éhontés, aux gens à déjeuner sur l'herbe, notre miraculeux Versailles. Une entrée de cinquante centimes au parc, une entrée d'un franc au Palais et aux Trianons suffiraient à décourager les promeneurs qui brisent tout et salissent tout dans les jardins et les visiteurs qui abiment l'intérieur du musée. Habitant Versailles l'été dernier n'ai-je pas vu ceci : une bande ruisselante de pluie entrer au Petit-Trianon, parcourir, parapluie en mains, sous la conduite d'un seul gardien, les appartements de la reine, et le gardien laisser en arrière deux Américains qui touchaient à tout et trois Français qui cherchaient à les empêcher de le faire ; si bien que, durant dix minutes, Thomas et Cie auraient pu dévisser les bobèches et dessouder les cuivres sans être troublés dans leur joie ? Si les milliers d'étrangers qui viennent là, si les milliers d'Allemands qui se gaussent de nous en ricanant à la place où leur Kaiser fut couronné, payaient, on pourrait mettre plus de trois gardes aux Trianons, plus de quelques jardiniers au parc, plus de huit surveillants à Fontainebleau.

Ces trésors sont la propriété sacrée du peuple français. C'est à lui qu'il appartient de les sauvegarder. Toute souillure, tout dommage qu'on leur fait est une insulte et une atteinte au peuple. Il faut qu'il le comprenne, il faut qu'il méprise cette idée mal entendue d'une démocratie qui laisse abimer, disperser, par préjugés et par routine, le plus magnifique héritage. Un ministre, un ex-ministre, répondait à une proposition comme la nôtre : « Cela n'est point français. » Avait-il qualité pour le savoir ! Nous répondrons, nous autres, que cela seul n'est pas français qui perpétue la sottise, qui entretient les idées fausses. Et nous sommes bien certains que pas un Français ne regrettera, pour conserver, pour embellir, pour augmenter nos musées sans pareils, d'avoir à débourser parfois le prix d'un paquet de tabac, ou d'un apéritif, ou d'un journal illustré, ou du pourboire que l'on donne à un chauffeur d'auto-taxi.

POUSSIÈRES ET CLOCHERS

On démolit ce qui restait encore, sur la rive gauche, du vieil Hôtel-Dieu. Et certes personne n'aurait le courage de regretter cette bâtisse infâme, lépreuse, qui suait le mal et la mort. Pour le moment, des poussières empoisonnées saupoudrent les alentours; mais lorsque le vent de la Seine et l'air humide auront chassé, tassé la poudre des décombres, quand ce coin sera nettoyé, cette démolition propice découvrira complètement l'un des plus parfaits joyaux que conserve encore Paris, si peu riche en monuments antiques : l'église Saint-Julien-le-Pauvre.

Ainée de Notre-Dame même, la robuste petite église, avec son abside trapue, avec ses piliers massifs, a vu s'élever sur l'autre rive de la Seine la somptueuse basilique, et son clocher carré sonnait déjà tierce et none lorsque les tours de la cathédrale surgissaient à peine des grèves. Saint-Julien fut élevé par les moines de Longpont, la fameuse abbaye voisine de Montlhéry ; c'était là, au douzième siècle, le seuil de ce quartier de Hurepoix, qui comprenait le pays latin tout entier, et tirait son nom de cette banlieue ravissante dont Paris s'ornait vers le sud. Sur l'emplacement de l'église, un très ancien oratoire avait vu loger Grégoire de Tours, avait servi d'asile sous Chilpéric.

Les savants, les techniciens diront comment il faut admirer dans ce monument vénérable une de ces voûtes sexpartites, usuelles en Normandie, et qui se montraient déjà dans Notre-Dame à peine ébauchée, pour se retrouver aussi, dans le temps de saint Louis, à la chapelle de la Vierge de Saint-Germain-des-Prés, à la nef de Saint-Denys et à la chapelle du château de Saint-Germain-en-Laye. Mais ce qui frappe les artistes, à Saint-Julien-le-Pauvre, c'est un morceau de la sculpture médiévale, expressif et noble entre tous ; dans un des chapiteaux, le long du chœur, au côté sud, quatre figures de harpies se profilent sur des volutes. Ce sont bien les monstres décrits par Dante : « Elles ont larges ailes, et cols et visages humains, les pieds griffus, et leur gros ventre est poilu. » Or le poète de *la Divine Comédie*, lorsqu'il vint à Paris, durant son exil, dut loger au seuil de l'Université, dans cette église même de Saint-Julien « qui hébergeait les pèlerins ».

Il semble, en effet, que la croyance populaire ait confondu, sous le vocable de Saint-Julien-le-

Pauvre, les trois saints de ce nom, Julien le Confesseur, Julien le Martyr et Julien l'Hospitalier. La légende dorée n'est pas plus claire ; et pêle-mêle tous les Juliens s'y amassent ; mais l'essentiel, n'est-ce pas que les vieilles pages naïves aient donné, presque mot pour mot, la matière d'un chef-d'œuvre à Gustave Flaubert ? Rien n'est plus fécond, pour l'artiste, que les traditions populaires, vagues, poétiques, où tout se retrouve et s'embrouille.

Les écoliers tenaient jadis leurs assemblées dans cette église ; le dix-septième siècle la gâta, à l'extérieur, par une façade soi-disant classique. Mais, dès qu'on a franchi le seuil, oubliant le fâcheux cartonnage académique dont l'orna l'ineptie du siècle à perruque, on peut vraiment se retrouver au temps où les compagnons de François Villon faisaient vacarme sous ces voûtes, en attendant que le recteur, ou tout autre bon Janotus de Bragmardo, prît la parole.

Au temps surtout où l'on n'avait pas encore cru devoir concéder Saint-Julien au rite orthodoxe, qui en use à présent, l'impression était poignante. On trouvait à grand'peine, à travers la boue et les planches pourries, l'entrée de l'église ; on ne pouvait pas oublier qu'elle était l'ancien prieuré de l'Hôtel-Dieu, car on pénétrait dans l'enceinte où elle se cachait, par une porte sur laquelle se lisait cette inscription : « Clinique gratuite. » Froide, sans ornement, déserte, l'église, avec ses monstres éployés dans une pénombre, le jour jaunâtre qui dormait sous ses voûtes, la retombée de ses ogives formidables, évoquait des âges plus rudes et une plus sombre croyance.

Le quartier même qui moisissait alentour aidait à l'illusion. La rue Lagrange, la rue Dante, mille coups de pioche ont creusé ces vieilles ruelles à tapis-francs, ces cloaques, pavés à peine, chancelants depuis plusieurs siècles, lézardés par l'émeute, infiltrés par la pestilence. Et l'on dit qu'un des derniers repaires du quartier va disparaître : le célèbre « Père Lunette » est à fin de bail ; c'en est fait du cabaret qui partageait, avec quelques autres bouges, le triste honneur de figurer à la tournée dite « des grands-ducs », et marquée au Guide des snobs et des soupeurs.

Je me souviens de l'avoir vu, ce caboulot, il y a longtemps, le même soir où trois confrères m'avaient entraîné aussi dans le Château-Rouge. C'était plus sale que terrible, et niais beaucoup plus que pittoresque. Le Château-Rouge, rue Galande, ancien hôtel de Gabrielle d'Estrées, prétendait la légende, contenait la célèbre « chambre des morts », où s'amoncelaient les loqueteux ; on montait pour la voir : l'odeur était abominable, le spectacle serrait le cœur et le parfum serrait la gorge. En bas, c'était le Sénat des ivrognes ; il y avait même une vieille dame du monde, à qui l'on payait des absinthes. Elle ressemblait pas mal à beaucoup de vieilles personnes que l'on peut admirer dans les tramways ; seulement, elle n'avait point de chapeau.

Le Père Lunette, c'était un long couloir fétide, où des malheureux s'assommaient comme dans toute autre boutique avec des poisons variés ; un être quelconque, bohème éculé par la vie, râlait des choses qui voulaient être des vers et qui prétendaient être obscènes. Et tout, le patron, les clients, le poète, semblait truqué ; cet attrape-nigauds était mille fois moins à craindre que le moindre bal-musette de la Montagne-Sainte-Geneviève, ou du quartier qui se tasse entre Saint-Sulpice et le boulevard Saint-Germain ; je ne parle pas de Montmartre, des Gobelins, de Grenelle ou de Clignancourt ! Mais ces apaches de parade suffisaient à donner le frisson aux péronnelles en fourrures et aux clubmen à huit reflets. Il y avait une chose bien plus laide à voir que les tristes hères dont les loques et les haleines infectaient la salle : et c'était les dames du monde et les beaux messieurs qui venaient regarder les voyous lugubres et entretenir ce commerce.

Des trois camarades que j'avais là, deux étudiaient l'argot parisien, l'autre était un peintre. Et moi, j'apprenais alors, comme doit faire tout littérateur, aussi bien la vie de taverne, de repaires et d'hôpital que la vie de salon et de plage. Mais que faisaient là-dedans, avec leurs sourires et leurs dentelles, les convives de chez Sylvain ou de chez Maxim ? Ils semaient un peu plus de haine : et ils ne pouvaient rien apprendre, que l'art de ne pas respirer. Ils l'auraient appris aussi bien dans un concert, ou dans un bal.

J'ai vu beaucoup mieux, dans ce même quartier de la rue Galande et de la rue des Anglais. C'était une nuit de carême, où le P. Monsabré prêchait à Notre-Dame. Regagnant, après le sermon, les hauteurs de la rue Cujas, je passais presque au pied de Saint-Séverin, si magnifiquement décrit depuis par notre grand Huysmans. Il faisait une giboulée de neige âcre et d'aigre grésil. L'oreille encore réjouie par les périodes triomphales du sonore dominicain, j'allais dans la fange glacée, sans bien voir devant moi ; je fus arrêté brusquement par une forme qui sortait du ruisseau noir. Coiffée, sur une tignasse pourprée, avec des rubans écarlate, qui luisaient sous le réverbère où elle faisait espalier, revêtue d'une robe étrange, qui semblait être en vieux brocart, semée de monstrueuses fleurs, une créature innomée trempait dans la boue ruisselante un jupon de tarlatane raide, tuyauté, furibond, et des souliers en satin rose ; mais tout ceci n'était rien encore ; devant sa face tricolore, où le vermillon éclatait sur l'azur comme une fanfare wagnérienne, elle tenait un éventail, oui, un éventail déployé. La neige tombait, et la femme, si j'ose m'exprimer ainsi, jouait de l'éventail, comme Hamlet, comme Carmen. C'était monstrueux et superbe. Et je m'en allai sans comprendre.

Eh bien ! jusqu'au dernier moment, les lambeaux

de ce vieux quartier auront mêlé ces deux images : l'église, la plus douce église, la plus mystique, et, tout auprès, le bouge d'enfer. On disperse aujourd'hui ces images-là ; mais, si l'on détruit avec joie, sans remords, le bouge, les bouges, tout ce qui est sale et qui tue, on saura mettre en lumière l'église aux formes divines. On a dégagé Saint-Séverin ; et, quoi qu'en ait pu dire Huysmans, nous ne saurions le regretter. Il faut maintenant qu'on dégage Saint-Julien-le-Pauvre. Il faut qu'entourée de verdure, libérée des amas infects et des masures qui l'oppressaient, la charmante vieille église, le prieuré des pèlerins et des malades, la grand'salle des écoliers, prenne son vrai rang de relique, et conserve au Paris nouveau, qui manque bien de tels trésors, l'image des temps où la vie était faite pour autre chose que pour rouler et pour voler.

FEU LE PALAIS-ROYAL

Notre conseil municipal, qui parle beaucoup, pour faire de temps à autre un modeste essai de réforme, s'est aperçu dernièrement que l'on avait tort de boucher sans raison l'entrée véritable du Palais-Royal. Depuis bien des années, l'idée saugrenue de quelque fonctionnaire, aujourd'hui mis au rancart, fit clore la grande cour qui donne sur la place; nous y avions trottiné, sous le joug funeste de nos « bonnes », ou devant nos parents, aux jours éloignés du Second Empire; et nous n'en avions pas été privés par les premières phases de la Troisième République. Mais tout d'un coup il apparut que les travaux du Conseil d'État souffraient, si le passage antique demeurait libre; on redouta que le travail, ou le repos, des bureaucrates qui grossoient, dans l'autre aile, les documents inestimables où s'administrent, Dieu sait comme, les bâtiments civils et palais nationaux, fût troublé par le va-et-vient d'une foule indiscrète; d'ailleurs on ne savait pas bien si c'était les beaux-arts ou les travaux publics qui souffriraient, car un destin barbare s'obstinait à ballotter d'un ministère à l'autre une administration passée à l'état d'épave. La cour fut fermée. Ainsi, l'on ne risqua point d'aller se buter aux baraques où se fabriquait l'électricité du ministère, électricité d'autant plus indispensable que les bureaux à éclairer ferment presque tous au moment même où le jour cesse. L'administration fut heureuse. Et le Palais-Royal, déjà malade, en devint moribond.

Il va mourir complètement si l'on n'y prend garde. Et pourtant, malgré sa décadence déjà commencée il y a vingt-cinq ans, malgré la guerre qui avait frappé les industries de luxe, qu'il nous apparait donc charmant, le Palais-Royal de notre première enfance et de notre jeunesse! Il fut peut-être, avec ses arcades pimpantes et rayonnantes, le suprême asile des vrais Parisiens, un des derniers endroits, avec les quais, déshonorés aussi, un des derniers refuges où l'on a pu flâner.

J'y ai vu flâner Rossini, dans la galerie d'Orléans. Et mon grand-père me montrait le vieux monsieur à la mâchoire en galoche, au toupet lilas, qui faisait un signe de main et clignait de son petit œil aux bourgeois qui le saluaient. Où flânerait-il maintenant? A la place où il admirait les vitrines du grand Chevet, avec leurs raretés de bouche, et les tortues vivantes qui rampaient sous les ananas, il verrait une cave à demi murée; c'est là qu'on a placé, ne pouvant trouver un endroit sombre, les archives et la bibliothèque de la Comédie-Française ; personne, à moins d'être un héros et un martyr, ne saurait travailler ou lire en un lieu pareil.

Et pourtant c'est encore là le seul endroit où le Palais-Royal d'antan ne soit point dégradé. Lassés d'étaler leurs trésors dans un cloaque dangereux, les joailliers parisiens ont émigré rue de la Paix, rue Royale. On leur achète sans doute autant de joyaux. Mais les admire-t-on autant ? Sont-ils loués et critiqués par ce peuple parisien, trop gueux pour acheter les diamants, les pierreries et les perles, mais qui jugeait et décidait, comme pas un, quand il pouvait s'arrêter devant les vitrines, jouir longuement du spectacle où ses artistes préférés le conviaient sans cesse ? Allez donc flâner maintenant les pieds dans la boue, les passants au flanc, les autos dans les reins, sur le trottoir des grandes rues. Et vous m'en direz des nouvelles.

Jadis, quand on avait tiré son existence d'entre les voitures, rue de Rivoli et sur la place, et qu'on entrait dans les galeries étincelantes, le spectacle était ravissant ; la lumière des étalages et les lueurs des lampadaires s'entrecroisaient sur les parures étalées ; rien ne gênait pour contempler à loisir la trouvaille, la monture, les branches ou les attaches ; il semblait qu'au rez-de-chaussée de ce long palais, une féerie perpétuelle vînt amonceler tout ce qui peut éblouir et tenter les yeux. Une seule galerie était moins brillante : celle des livres. Les grands libraires d'autrefois, comme

Ladvocat, n'étaient plus : et il fallait se contenter de quelques éditeurs moyens ou médiocres, de second ordre comme les restaurants qui, çà et là, subsistaient encore au ras du sol.

Car les restaurants des étages n'étaient pas même toujours de second ordre ; c'est dans une de ces fabriques, où les collégiens faisaient liesse, que Champfleury faisait manger à des provinciaux un vol-au-vent manipulé et servi dans une toque de magistrat. J'ai franchi quelquefois le seuil de ces endroits ; ce qu'il plut au ciel de m'y faire manger, je ne m'en souviens plus ; et du reste, c'est mieux ainsi. Mais, en dépit de leur haleine abominable, ces entrepôts de repas composaient, avec tout le reste, par leur bruit, leur lumière et leur brouhaha, le joyeux ensemble que nous regrettons, si plein d'allégresse, et de bonhomie.

C'était bien la place où devait s'élever, et où prospéra, le théâtre le plus bourgeois, le temple de Labiche. Et, pour que le chef-d'œuvre, aujourd'hui en débris, fût complet alors, il y avait là aussi, près des marchands de vaudeville, les marchands de décorations. Ils y sont toujours, mais ils ne paraissent plus les mêmes : un je ne sais quoi semble avoir terni leurs plaques, fané leurs rubans, rendu leur quincaille — héroïque et superbe autrefois — comme surannée maintenant, et vile, et sans prix. Ils ont l'air de fripiers, vraiment, comme les libraires d'antan ont l'air de pauvres bouquinistes.

Ne faudrait-il pas, en rouvrant cette enceinte à la vie, en y ramenant le peuple des badauds, tâcher de refaire ce qui manque à notre cité : l'endroit où l'on se réfugie, où l'on se promène, où l'on vit autrement que dans les secousses, les poursuites et les horions ? Le sort des piétons fait pitié aux meilleurs esprits ; eh bien ! c'était là que les piétons oubliaient un instant la chasse infernale où ils jouent le rôle de bête, traquée, forcée et servie toute vive.

Dans ces longs bâtiments gîtent des bureaux inutiles et des commerces somnolents ; quel beau musée on y pourra faire, le jour où l'on s'apercevra que le Louvre déborde : le Louvre, situé justement en face ! Et quelle admirable bibliothèque, au moment prochain où la voisine, la Nationale, ne contiendra plus ses trésors !

Au lieu de laisser Paris toujours monter et ruisseler vers l'ouest, vers les banlieues, ne vaudrait-il pas mieux tenter d'en orner le centre, d'éviter la mort qui atteint lentement les alentours de la Seine ? Empêcher le Palais-Royal d'étouffer et d'agoniser, cela ne valait-il pas mieux que de lotir la Muette, d'abîmer Passy, de bâtir le Champ-de-Mars ? Et l'idéal de l'avenir, est-ce donc que les Parisiens aient à se défoncer les côtes, à se décrocher l'estomac, à s'enfourner sous terre, à s'empiler dans des trains, libres ou captifs, pour la moindre de leurs affaires, et pour le plus futile de leurs rendez-vous ou de leurs plaisirs ?

Mais quel mot ai-je prononcé ? Le Parisien ! Où est-il, cet être fossile ? Où le voit-on ? Le Parisien ! Artiste, on lui a démoli, envahi Montmartre et Montparnasse ; savant, lettré, bibliophile, on lui a saccagé les quais, on lui rafle tous les vieux livres par syndicats et par commissionnaires, et on les déporte outre-mer : oisif, on lui a mis l'égout, les barricades et la marée des Halles sur le boulevard, et quand on ne ferme point l'entrée principale de de ses promenoirs, on transforme ses avenues en « boucles de la mort », en *looping the loop*, en obstacles auprès desquels les montagnes russes paraîtraient un jeu d'enfant.

Résignons-nous. Notre conseil municipal prenait, hier, pitié du Palais-Royal ; il n'y mettra pourtant ni le marché aux fleurs, qui ornerait le jardin, ni le palais des sports qui pourrait ramener la vie. La seule espérance, peut-être, c'est que cette large bâtisse aux toits plats et longs devienne, avec le progrès qui s'annonce, un garage pour aéroplanes.

Ce jour-là, serons-nous encore, nous autres, sur le pavé de Paris, et y aura-t-il même encore un pavé de Paris ? En vérité, Parisiens, mes frères, je vous le dis : les étrangers qui afflueront, toujours plus nombreux, dans tant ou tant d'années, verront peut-être encore ce qui fut Paris. Mais il y a certainement un être qu'ils ne verront plus : et c'est le Parisien.

Après tout, ne pourrait-on pas enterrer les derniers spécimens de l'espèce dans le défunt Palais-Royal ?

POUR LA BEAUTÉ DE PARIS

L'effort pour la beauté, pour la sauvegarde quotidienne de notre Paris, continue. L'autre jour, M. Mithouard, ici même, a tenté de défendre contre la bande des vandales et le saccage des métèques ce noble jardin des Oiseaux, menacé de périr comme l'Abbaye-aux-Bois, comme les jardins du Roule, comme le Carmel dans l'avenue de Messine, comme le Carmel dans la rue Denfert-Rochereau, comme ce merveilleux monastère de Saint-Michel, entre la rue Saint-Jacques et la rue d'Ulm, comme vingt et cent autres espaces où Paris pouvait puiser l'air et atténuer la poussière de son atmosphère empoisonnée.

Nous aimerions à mériter l'éloge que le vieux Tallemant des Réaux décerne à Mme de Rambouillet :

« Personne n'a jamais tant aimé à se promener et à considérer les beaux endroits du paysage de Paris. »

Le paysage de Paris ! Quelle ville nous offrira ce

que montrent les quais, les ponts de la Seine ? Et voici qu'on a parlé de rendre carrossable le pont des Arts, le seul des ponts où l'on puisse regarder à loisir la pointe de la Cité. Ne va-t-on pas bien assez vite, à pied, lorsqu'on est obligé de traverser par les cours de l'Institut et la rue Mazarine. Où mènerait une voiture, en passant par le pont des Arts ?

Mais il est un endroit plus noble encore, et qu'il est plus urgent de défendre : c'est, en face de Notre-Dame, le sol où s'élevait hier l'ancien Hôtel-Dieu. J'ai parlé, l'année dernière, du vieux quartier et des masures qui se montraient là. Décimées largement, au nord, par la place Maubert, par la rue Lagrange, la rue Dante, et par cet élargissement de la rue Saint-Jacques où s'est dégagé le chevet de Saint-Séverin, ces abominables sentines ont croulé, vers le nord et le long du quai. L'hôpital a suivi les bouges, et l'on peut à présent errer autour de Saint-Julien-le-Pauvre, sur les anciennes fondations remblayées, parmi les débris de vitres, les cassons de marbre, restes de l'Hôtel-Dieu, qui rappellent aux gens de ma génération les carreaux cassés et les pierres démolies où ils s'ébattaient pendant le bombardement du siège et les explosions de la Commune.

On peut admirer l'antique église, et revoir, au fond du terrain dégagé, le reste du rempart bâti par Philippe-Auguste ; un autre morceau de la même muraille est dans un jardin qui surplombe, rue Clovis, auprès de la rue du Cardinal-Lemoine ; mais il n'est point accessible.

Eh bien, ce terrain que l'on a gagné, ce terrain qui dévoile un des monuments les plus vénérables du vieux Paris et d'où l'on voit Notre-Dame en sa pleine ampleur, on prétend, dit-on, le bâtir de nouveau. La partie qui longeait au nord la rue de la Bûcherie est transformée en terre-plein, et c'est à merveille. Mais le morceau le plus important reste libre ; et c'est là qu'on prétendrait élever un édifice officiel, une École des arts décoratifs.

Je n'ai ni le désir ni le droit de juger l'école où des hommes tels que Lecocq de Boisbaudran, maître admirable entre tous, et P.-V. Galland, ont donné d'excellents exemples. Mais une école, quelle qu'elle soit, n'est point une chose à ostenter au plus beau milieu de Paris. Est-ce que les écoles professionnelles ne suffisent pas ? inculque-t-on sur les bancs le génie décoratif ? N'est-ce pas assez qu'une exposition périodique et bien entendue, et même le simple goût des acheteurs, mette en lumière ce qui est excellent, nouveau, spontané ?

Et puis, école de ceci ou de cela, nous le voyons d'avance, le monument officiel. Nous pouvons nous le figurer, sans quitter les quais de la Seine. Il n'est pas trop nécessaire de gagner Passy, déshonoré par les frelons de la bâtisse ; on peut commencer au quai d'Orsay.

Ce qui s'élèvera sur la place où les beaux toits bruns de la manufacture des tabacs laissent choir

leurs dernières tuiles, on peut s'en douter Mais la
certitude et l'horreur commencent avec la maison à
bobines qui est dressée en face des bains Deligny.
Qui peut bien loger là-dedans ? et quels cauche-
mars d'un Veber ou quelles joies d'un Yankee fou
peut abriter cette maison ?

Et, derrière Saint-Julien-le-Pauvre, derrière le
musée de Cluny, dans ce quartier latin que nous
craignons de remonter, nous autres, qui avons
grandi là, dont les fibres étaient attachées aux
formes des vieilles pierres, il y a... il y a trop de
choses, trop de Bons-Marchés à pédants, trop de
« Facultés » arrangées au goût de messieurs nos
maîtres, pour que l'on puisse les nommer.

Or donc, si vous les laissez libres, voilà ce qu'ils
feront ici, sur les terrains de l'Hôtel-Dieu, à l'orée
de la rive gauche. Aujourd'hui, l'on peut s'arrêter,
le dos appuyé sur l'abside de Saint-Julien, pour
admirer Notre-Dame qui vogue sur le ciel parisien.
Demain, si vous les laissez faire, un catafalque de
meulières ou un sépulcre mal blanchi montera devant cette église et l'on enfermera dedans, afin de
leur gâter l'esprit et de leur pervertir le goût, des
malheureux à diplômer

Ah! faites donc un beau jardin sur ce coin de
terre. Plantez des marronniers, du lierre, tout ce
qui prospère partout et ne craint point la bise;
amassez contre les murailles de l'église les pierres
anciennes, les morceaux de sculpture, que l'on retrouve pour les jeter trop souvent à la voirie.

Puisque vous aimez tant le peuple, donnez de l'air à ce quartier fétide, créez des allées où les tristes mioches de la rue Galande, et de la rue Zacharie, et de la rue de la Huchette, iront se rouler dans le sable et se talocher librement. Si vous voulez faire une belle école d'art décoratif, que n'achetez-vous cet ancien hôtel, ce couvent des Oiseaux ? Vous le laisserez démolir, et, pourtant, l'édifice était un enseignement pour les yeux de vos élèves ; il y avait là des lignes nobles, de grands ensembles et de jolis détails, l'espace, la lumière, l'air ; vous comprimerez un édifice sur ce bout de quai, sans penser que vous le possédez ailleurs, auprès des Invalides, et tout fait, et sans rien qui le dégrade ; et vous auriez encore, là-bas, autour de votre école, des espaces tout plantés, des terrains où mettre à profusion les plantes fleuries : les fleurs ne sont-elles donc pas les meilleurs maîtres pour apprendre l'art décoratif ? Et elles ont encore l'avantage de coûter peu, et d'être muettes devant l'écolier.

Ici, vous avez un terrain gauchi, trop étroit, sacrifié, sans un rayon de soleil sur sa façade. Et vous étoufferez sans remède un quartier bas et fétide, et vous détruirez pour longtemps l'harmonie, déjà compromise par le nouvel Hôtel-Dieu, l'harmonie des espaces qui doivent encadrer Notre-Dame. Vous pouvez, en maintenant vide la place d'où doit enfin disparaître la Morgue, embellir la Cité vers l'est ; vous pouvez l'embellir vers le sud en ménageant ce point de vue, en créant un jardin, un square si vous tenez à ce mot-là

Mais on craint que ce square ne soit mal hanté. Vraiment! Mais, alors, rasez donc le bois de Boulogne qui fourmille de malandrins ; fermez le parc Monceau qui en regorge. Et puis, et puis, nous préférons les apaches aux mauvais architectes : on peut se défendre contre un rôdeur ; on ne se défend pas contre un monsieur qui vous détruit votre horizon, vous abîme vos promenades et dénature les aspects les plus sacrés de votre patrie.

MOTIFS D'AQUARELLE

C'est ici même, on s'en souviendra peut-être, que nous avons inauguré ce titre de défense « Pour la beauté de Paris », titre repris un peu partout, par d'autres qui ont combattu le même combat. Nous avons donc, entre tous les autres, le droit de parler aussi haut et aussi ferme que possible, quand on prépare sourdement, sournoisement, dans les bureaux et leurs annexes, un des pires attentats contre cette beauté de Paris, si cruellement diminuée déjà par la faute de ceux que nous payons pour la défendre.

Voici deux ans, un conseiller municipal, celui qui représentait alors l'arrondissement même où l'acte doit se perpétrer, fut indigné de voir que l'on accueillait mal le projet de bâtir un pont entre le Pont-Neuf et le Pont des Arts. Vous connaissez ce beau dessein, une grande publication illustrée l'a figuré jadis, en le blâmant avec vigueur : on commence par prolonger cette abominable rue de Rennes, qui est pourtant bien assez longue pour le supplice des passants ; avec cet esprit d'à-propos qui fut toujours le plus constant d'entre les mérites reconnus à notre édilité moderne, on a fait buter cette voie hideuse sur l'étranglement de la rue Bonaparte, aux maisons antiques de l'Abbaye, de la rue Jacob, de la rue Visconti où vécut Racine, où imprima Balzac ; on éventrera tout cela, c'est entendu, vieux murs, vieux toits, jardins, souvenirs, tout s'en ira en mille miettes, et Saint-Germain-des-Prés, comme Notre-Dame, achèvera de perdre son cadre et sentira directement, comme le quartier du Panthéon, les bienfaits qu'apporte la bise de Montmartre.

Seulement, derrière les immeubles à démolir — et Dieu sait quand ! — derrière le quai déjà déshonoré par la ligne d'Orléans chère aux crues de la Seine, il y a la Seine elle-même. Et point de pont, à cet endroit-là, pour passer la Seine. C'est ici qu'était apparu l'esprit, non, le génie, ce n'est pas trop dire, le génie de l'édile.

Il proposait un pont, cet homme, et même deux ponts, oui, en X, en Y, en je ne sais quoi ; — c'était probablement un ancien candidat à l'École polytechnique. — Ce pont à deux ou trois pattes appuierait une de ses piles sur la pointe du Vert-Galant. Et il se compliquerait même d'un pylône pour la descente des aéroplanes. On ne dit pas s'il y aurait un bureau central d'intercommunication avec la planète Mars.

Nous avions pensé à lutter contre cette folie. Et puis, on nous avait assuré dans les bureaux, que ce n'était rien, une chimère, un fantôme. Pourtant, l'idée datait d'Haussmann ; et nous n'avions pas confiance. Nous avions trop raison. Les taupes bureaucratiques travaillaient toujours, en sourdine. Leur première taupinière vient d'affleurer à la surface du sol : on a donné congé aux locataires du 5, du 3, du 1, au quai Malaquais, et à ceux du 4 et du 6, dans la rue de Seine. Ces nobles maisons, vieux décor parisien, péristyle de la rive gauche, vont périr ; c'est là-devant qu'Émile Augier faisait entrer dans les rangs des mobiles bretons Jean de Thommeray converti ; et sans doute, à l'heure où l'on joue sur notre Théâtre-Français des pièces moins patriotiques, et signées de noms moins français, il convenait qu'on mit par terre ces antiques pierres, complices des traditions, cadre des héroïsmes surannés.

Ce saccage préparatoire n'est fait que dans une intention secrète ; André Hallays, mon ami, mon compagnon d'armes dans cette lutte contre les métèques et les ingénieurs, nous a bien dévoilé le plan : raser les immeubles, laisser le terrain affreusement vide, afin que le public réclame. Et par cette comédie grossière, arriver au but.

Voilà l'œuvre des fonctionnaires patentés dont les titres occupent cinq ou six lignes au *Tout-Paris* et les décorations autant ; mais ces messieurs ne pensent pas que leurs ordres et leurs chamarres nous impressionnent beaucoup; nous autres gens qui arrivons à la cinquantaine, nous savons trop où, comment ces choses-là se gagnent : titres, places, plaques, et tout ce qui fait l'honneur officiel ; et nous parlerons librement, en citoyens libres, qui payent, et qui ne furent jamais payés.

Savez-vous ce qu'a répondu le conseiller municipal, à la première aurore du projet ? On lui disait, timidement : « Mais vos beaux projets sont absurdes ? Quoi ? ce pont en X ? ou bien encore cette autre billevesée : élargissement du pont des Arts, qui deviendrait carrossable ? Et pourquoi ? pour aller buter au Louvre ? » Car ils n'osent pas dire encore qu'ils feront traverser la cour du Louvre aux véhicules; mais patience, ils y viendront et vous verrez les statues et les objets d'art danser le cake-walk et la farandole sur leurs socles, dans leurs vitrines.

On lui disait encore à ce champion du progrès : « Mais, monsieur, et le paysage de Paris ? » Car le pont des Arts est le seul endroit où l'on puisse admirer la plus belle vue de cité qui existe au monde (croyez-en un vieux nomade). C'est un lieu sacré, d'où la ville, malgré les enlaidissements de bazar sur la rive droite, apparaît dans sa vieille gloire, avec les deux bras de son fleuve qui étreignent l'île primitive parée de ses clochers et de ses tours, et les vieux arbres de la pointe, et, tandis que l'âpre torrent de la vie s'écoule au grand bras, le pont Saint-Michel qui se double tout là-bas, dans l'eau tranquille du bras mort, par un reflet harmonieux comme dans une rivière de campagne.

Savez-vous ce que répondait le potentat municipal ? Avais-je tort de lui décerner du génie ? Vous allez voir que sa sentence fut sublime ; il se haussait même jusqu'à l'ironie dédaigneuse mêlée d'aperçus sociaux et de considérations économiques ! un chef-d'œuvre, un pur chef-d'œuvre, cette phrase : « Sacrifiera-t-on, disait-il, le développement d'une ville à un motif d'aquarelle? »

Maxime étonnante, et qui touchait au plus grand style. Les bureaux furent rassurés, avec de pareils défenseurs. Ils poursuivirent leur besogne. Pendant ce temps-là, un monsieur, qui fut un instant sous-ministre, nous reprochait de trop aimer les espaces libres, de méconnaître les beautés du moëllon municipal; et il nous donnait un nom grec. Nous aurions pu lui en donner un autre, ayant pris nos brevets en grec, dans notre lointaine adolescence, mais avec ces messieurs-là, on ne regarde pas, on ne répond pas — et on passe !

Seulement, ils continuent à travailler. Ils ont leurs raisons. Mais nous continuerons, nous autres, à troubler leur travail. Nous avons nos raisons, aussi. Et nous avons cet avantage, que nous les pouvons dire, toutes. Car il n'y a pas d'architectes ni d'entrepreneurs dans notre camp.

Nous demandons à ceux qui sont censés représenter Paris et les intérêts de Paris, de comprendre et de conserver la beauté de nos horizons ; oui,

« nos motifs d'aquarelle ». Cela nous est aussi précieux que l'air respirable. J'en appelle à ceux qui ont couru l'Europe ; n'est-il donc pas vrai que ni l'Arno sous le Pont-Vieux, ni le Rhin à Bâle, ni l'Escaut devant Anvers, ni l'Inn à Innsbrück, et pas même notre Loire ou notre Gironde, ou notre Rhône, ne sauraient donner ce chef-d'œuvre d'harmonie et de noblesse, ce tableau de lignes si fières et de lumineuse beauté que notre Paris possède avec la perspective de la Cité ? Nous avons déjà maintenu les grands arbres du Vert-Galant, cette parure de l'antique nef parisienne, ces mâts verdoyants qui frissonnent à son avant. Nous maintiendrons ce confluent superbe, inondé de clartés, dont on prétend faire un bassin biscornu ; nous voulons nous accouder, jusqu'à notre dernier jour de Parisiens, sur cette vieille balustrade grillée du pont unique où l'on peut encore flâner. Il faut, alentour des musées et des bibliothèques, de l'espace et quelque silence : nous n'empêchons pas les amants de la ferraille et du vacarme d'aller à Javel, à Grenelle, à Ivry, de s'extasier aux usines, de courir les vélodromes. Mais le centre, le cœur de Paris n'est point à eux. Victor Hugo, ce démocrate, qui peut-être en valait bien d'autres, à consacré ses vers épiques aux mascarons de notre Pont-Neuf, qui soutiennent la corniche où toute l'histoire de France défila depuis quatre siècles. Nous tenons à ce belvédère, à ce pont des Arts, d'où l'on découvre le Pont-Neuf, la Sainte-Chapelle et Notre-Dame, les témoins de notre passé, de notre espoir, de notre foi. Si ces messieurs sont mécontents, qu'ils aillent dans d'autres patries, qu'ils laissent la nôtre tranquille !

Ah çà ! sommes-nous leurs esclaves, nous qui leur emplissons les poches ? Ont-ils rêvé de nous soumettre à leur despotisme anonyme ? La même bande a déclaré, jadis, à Florence, qu'il fallait démolir le Pont-Vieux et le refaire à la mode moderne. On s'est insurgé, on l'a vaincue. Paris sera-t-il moins ardent, moins énergique ? Ne sait-on pas que massacrer les perspectives d'une ville, c'est nuire à ses intérêts mêmes qu'on prétend faire progresser ? Interrogez les propriétaires de la rive gauche, dont on a dépeuplé les immeubles, et que les inondations causées par des travaux ineptes ont achevé de désoler. Ils vous diront si le « progrès », en démantibulant l'ancien Paris, en jetant tous les habitants riches vers les lisières de l'ouest, leur a rendu de beaux services. Eh ! mon Dieu, s'il faut élargir à toute force les voies d'accès entre les quais et le boulevard Saint-Germain, élargissez la rue Dauphine, la rue Bonaparte, la rue des Saints-Pères, la rue du Bac. Elles n'ont rien à perdre. Et vos ponts ne sont jamais si encombrés qu'ils ne puissent supporter plus de transit.

Pour nous, Parisiens du crû, qui voyons toutes les ficelles, qui connaissons toutes les banques, à qui l'on n'en fait point accroire, nous ne sommes plus assez jeunes, nous ne sommes point assez humbles, messieurs de l'Administration, pour chercher à vous faire entendre les vérités nécessaires. Seulement, si vous persistez à porter la main sur ce qui est notre plus cher patrimoine, cette main-là fût-elle cent fois plus puissante et plus habile encore, vous nous trouverez devant vous. Notre Paris, que l'on confie, je ne sais et ne veux savoir comment, à vos actes bizarres, finira peut-être par se trouver abîmé sous vos plans néfastes ; nous verrons peut-être tomber ou se transformer — ce qui est pire encore — les pierres les plus vénérables et les aspects les plus augustes de notre ville, de la *Ville*. Mais du moins, tant que nous tiendrons une plume entre nos doigts, ce ne sera point sans avoir bien défendu notre Paris.

A la dernière heure, une note officieuse à prétendu nous rassurer. Elle coïncide sans doute avec la retraite du fonctionnaire néfaste qui fut, durant longues années, comme employé à défaire l'œuvre du maître qui l'avait formé. Mais cette note n'est rien moins que rassurante : d'abord elle considère comme un fait accompli, comme un résultat désormais acquis, l'absurde prolongement de la rue de Rennes par le saccage du quai Malaquais et le sabrage des rues intermédiaires. Ensuite, elle commence bien par affirmer qu'il ne s'agit point de faire le fameux pont; mais, *deux lignes plus loin*, elle assure que « si la question venait à se poser, l'administration municipale ne manquerait pas de s'inspirer du vif souci de concilier les nécessités de la circulation avec les intérêts esthétiques de la ville de Paris. »

Cette phrase, qui contient six fois le mot *de*, n'est point rassurante. Écrite dans le plus pur style des bureaux, elle ne nous fera jamais croire au souci des « intérêts esthétiques » chez ces messieurs ; nous savons trop comment ils parlent, et comment ils agissent ; nous voyons tous les jours quels soins ils prennent des « intérêts esthétiques ». La plaisanterie est un peu lourde. Quant aux nécessités de la circulation, dix minutes suffisent pour se convaincre que les ponts actuels sont parfaitement adaptés aux besoins du transit entre les deux rives. Notre thèse reste donc bonne, elle subsiste tout entière.

Il faut veiller.

LA PROPRETÉ PHYSIQUE DE PARIS

L'opinion publique, avec le conseil municipal, semble enfin s'émouvoir de l'état lamentable où les services de voirie laissent notre ville. Trois mille ouvriers, quinze millions de dépenses : et Paris est sale. La presse a montré que chacun s'indigne et se plaint : il serait temps d'appliquer les remèdes, simples, évidents, car tous les éléments du progrès sont entre nos mains, si nous savons être énergiques, surveiller l'emploi de l'argent au lieu de le laisser se fondre entre les doigts des bureaucrates ; la France, et Paris le premier, gaspille à plaisir.

Prenons donc une journée parisienne, et le mal nous apparaîtra, peut-être en même temps que les moyens de le guérir.

Dès les quatre heures du matin, un bruit de sabots, de balais, de brouettes et de voix rudes annonce les balayeurs ; actifs, consciencieux le plus souvent, ils rendent la voie publique à l'état de propreté. A peine ont-ils bien nettoyé que les chiffonniers arrivent ; et, durant plusieurs heures, ces pauvres gens, que l'on condamne, en leur imposant de grands frais, au plus terrible des métiers, s'emploient à souiller cette rue que l'on vient de purifier. Traînant à grand bruit les poubelles sur le trottoir, ils les renversent au-dessus de haillons troués, y pêchent les trésors sordides, fouillent, dispersent, éparpillent sur les trottoirs, dans les ruisseaux, et regagnent les campements qu'ils ont formés aux coins de rues, aux carrefours. La rue est sale, elle va l'être encore davantage, car voici maintenant le service municipal qui s'avance : des tombereaux disjoints, qu'annoncent le fracas des boîtes renversées et les cris horribles des « boueux ». Le vent projette les ordures sur les passants ; les lycéens qui vont en classe, à cette heure-là, les petits employés qui gagnent leur tâche, sont saupoudrés de détritus : image fidèle, symbole trop vrai de l'existence qui attend les uns et va désoler les autres ! Et je me souviens que Pasteur, en 1880, à l'École normale, nous conseillait de ne point passer dans les rues le matin, à cause des tapis secoués ; hélas ! on y secoue bien autre chose.

Pour mieux prouver combien le mal est réel et grave, je veux citer la lettre que m'écrivit un jour le professeur Chantemesse, membre de l'Académie de médecine et fonctionnaire éminent dans les services d'hygiène publique :

Monsieur,

« Vous m'avez fait l'honneur de m'écrire au sujet de deux questions qui intéressent l'hygiène urbaine de Paris. Sur chacune d'elles je suis tout à fait de votre avis. Il y a quelques mois, un congrès d'hygiène et de salubrité de l'habitation s'est tenu à Paris ; il s'est terminé, comme la plupart des congrès, par un banquet. Je me trouvais assis auprès du délégué de la ville de Berlin. Je lui ai demandé, au dessert, non pas ce qu'il avait trouvé de mieux, mais ce qu'il avait trouvé de plus mal dans l'hygiène urbaine de Paris.

« Il m'a dit franchement que ce qui l'avait choqué le plus était notre mode d'enlèvement des ordures ménagères. A Berlin, ce service est beaucoup mieux organisé et il se fait à l'aide de tombereaux clos hermétiquement.

« Si vous me demandez, monsieur, à quel moment une sanction favorable interviendra, je vous dirai que sa rapide venue dépend à mon sens d'un mouvement de l'opinion publique bien renseignée par la presse. »

Cette lettre date de cinq années. Malgré les efforts de la presse, rien n'a été fait. C'est que l'opinion publique, ici, pèche cruellement par indifférence. Nous ne savons ni protester ni résister. Et l'on continue à nous faire payer très cher, pour nous précipiter les saletés à la figure.

Notez que les chiffonniers même, intéressants

puisqu'ils travaillent, pourraient gagner à la transformation de ces déplorables services. Au lieu de contraindre ces malheureux à courir comme des esclaves, de porte en porte, dans la nuit, à traîner des charrettes, à faire des courses énormes, pourquoi n'obligerait-on pas les usiniers, qui s'enrichissent dans le broyage et le commerce des déchets, à recevoir constamment les chiffonniers sous des hangars, où leur triage se ferait à l'abri, commodément, au lieu de les laisser entrer fort peu de temps, et au galop? Et puis, en somme, une autre classe de travailleurs s'est transformée, quand le tout-à-l'égout s'est fait dans Paris. Personne n'a le droit, pour son intérêt personnel, de léser l'intérêt public. Ce serait, alors, la féodalité d'en bas.

J'ai insisté sur ce terrible vice de notre voirie, le pire de tous. Mais prenons, reprenons la suite des heures parisiennes : sur la voie de nouveau balayée, les marchands ambulants, qui hurlent à tue-tête, viennent projeter tout ce qui les gêne; les épiciers en boutique, les fruitiers, les tripiers, les marchands de vin, les petits restaurateurs, les fleuristes du coin et les fleuristes nomades, lancent, à qui mieux mieux, les débris de leurs marchandises sur le trottoir ou sur le pavé ; les gens à chiens y promènent leurs meutes ; les lecteurs de journaux y abandonnent notre prose après qu'ils l'ont lue ou parcourue, ou passée, peut-être ! Et déjà les distributeurs de réclames et de prospectus rivalisent de zèle pour faire un tapis de papier sale aux caprices de la bise, qui jette les feuilles souillées sur les passants.

Cependant, on balaye encore, souvent avec de grandes brosses que traînent des chevaux défunts. Mais ce balayage répand en poussière, dans nos yeux et dans nos poumons, les souvenirs que laissent derrière eux les fiacres, les omnibus, les camions, ce qui subsiste de la traction chevaline. Les automobiles, jalouses de voir la rue salie par d'autres, se mettent à cracher partout de l'huile grasse, pétaradant au milieu de vapeurs atroces ; et le faubourg Saint-Honoré, ou toute autre rue encaissée, à certaines heures, est bleu de fumée, empeste la benzine. On devrait faire des contraventions à ces chaudières en folie ; mais quoi ? fort peu de personnel, et puis, on est indulgent, on laisse aller !

Mais, dira-t-on, il faudrait beaucoup d'argent pour régulariser les choses. D'abord, on aurait bien le droit de répondre que quinze millions, c'est déjà un joli denier. Ensuite, pourquoi les amendes, régulièrement distribuées aux contrevenants, ne formeraient-elles pas un fort appoint ?

Sans parler de Berlin, modèle pour la propreté, Florence même est plus propre que Paris ; et, sans quitter la France, une ville comme Vichy nous en remontrerait.

Il y aurait aussi à parler de ces fumées qui nous font vivre, d'année en année, sous une calotte de suie plus épaisse. Une ceinture de sales usines empeste l'air de Paris. Pourtant, on connaît le moyen de manger les fumées industrielles ; et l'on pourrait contraindre les usiniers. Mais on ne fait rien.

Et l'on pourrait tant et tant faire, avec si peu d'efforts, rien qu'en étant tenace et logique ! Il pourrait devenir si parfait, ce Paris qui reste si beau, malgré tant de laisser-aller, sous tant de haillons et de trous ! Nous qui l'aimons d'amour fervent, nous aurions, en francs batteurs de pavé que nous sommes, bien d'autres choses à dire. Mais il vaut mieux ne point accumuler trop de plaintes et de critiques à la fois. La victoire se gagnera peu à peu, car nous sommes aussi tenaces contre la routine que l'est la routine elle-même contre nous et nos espérances.

Montaigne a dit, dans un passage mille et mille fois célébré, où il loue la bonne cité de Paris : « Elle a mon cœur dès mon enfance. » Et nous le disons avec lui, nous qui sommes nés Parisiens. Mais il ajoute, en vrai Gascon : « Je l'ayme tendrement jusques à ses verrues et à ses taches. » S'il entendait par là ces grains de beauté, ces signes bizarres qui peuvent embellir et rendre mieux attrayant le plus beau visage, d'accord ; mais une vraie verrue, ce n'est qu'une infirmité dégoûtante, mais une tache n'a jamais eu le moindre agrément. Et puis, la salubrité, l'hygiène, la propreté physique ont pour complément naturel la netteté, la santé, la beauté morales ; la laideur et la négligence appellent le mal et l'entretiennent : c'est ce que nous verrons bientôt.

LA PROPRETÉ MORALE DE PARIS

J'ai pu voir, par tant de lettres qui ont répondu à mon dernier article, que les Parisiens souffrent cruellement des désordres matériels et des tares accumulées comme à plaisir par la voirie bureaucratique. Ils ne souffrent pas moins, je pense, de la malpropreté morale qui nous envahit chaque jour.

Sans prétendre jouer le rôle du Père La Pudeur, (rôle honorable par ailleurs, excellent, et bien préférable au rôle inverse), sans même dater du déluge ou de la deuxième République, un Parisien peut s'indigner au progrès de la vilenie, de la pornographie partout étalée, partout triomphante. Il serait puéril de croire qu'une ville où grouillent ensemble près de trois millions d'habitants puisse jamais être un Éden ou une Salente. Mais certains défauts, certains vices, gagneraient à être modestes, contenus, et tenus dans l'ombre. Il y avait, sous d'autres régimes, des théâtres borgnes, où s'exhibaient les Nanas; des cafés-concerts qui montraient les casseuses de noisettes et autres Thérésa ; mais ces rares établissements ne donnaient point le ton aux autres. On n'avait pas vu, sur les scènes du boulevard, ou sur les scènes subventionnées par l'État, la femme française partout représentée, par une race d'écrivains qui n'en connaît ni les traditions ni le caractère, comme une drôlesse sans mœurs ; on ne prétendait point nous peindre le monde, ni même le demi-monde, avec un style et sous des couleurs qui ressemblent mieux au langage des « Alphonses » qu'aux conversations du foyer ou du salon. De soi-disant moralistes, qui tirent tout, ou à peu près, de leur âme sordide et de leurs souvenirs personnels, recueillis, Dieu sait où, nous offrent les sinistres caricatures qui demain, grâce à des « tournées », s'en iront montrer à l'Europe entière comment la Française se fait enseigner l'adultère par des jouvenceaux yankees, monte la garde sur la porte de la maison où sa rivale est en train d'apprendre ce qu'ils nomment « l'amour », et autres sales gentillesses, à faire pleurer de dégoût.

Car il ne faut point croire que les étrangers viennent ici pour pénétrer la vérité, c'est-à-dire pour se rendre compte que la famille française est peut-être la plus solide, et le sentiment filial, par exemple, le plus puissant, qui existe dans le monde entier. Les calomnies qu'on accumule sont crues avec délices. On nous jalouse, et l'on invoque nos propres auteurs pour nous blâmer. Un étranger qui voit, ici, l'actrice se déshabiller sur la scène pour enflammer des vieillards dérisoires, et là, dans un music-hall (nom bien français), le spectacle lui promettre crûment « la chair » ; ce voyageur qui commence par une pièce où l'on représente les ébats des troupiers dans un bouge provincial et finit par cette autre pièce sérieuse où l'on exhibe un travesti de garçonnet joué par une actrice, alors que le premier garçon venu pouvait jouer le rôle ; ce voyageur, cet étranger s'en ira bien persuadé que Paris est un mauvais lieu, préparé pour toutes les fantaisies. Et cet Anglais oubliera Londres et ses scandales ; cet Américain, *Frisco* et ses sous-sols ; cet Italien... l'Italie... pour nous jeter la pierre, ou la boue.

« C'est Paris, écrivait hier un journaliste, qui fait rire l'Allemagne entière. » Hélas! aux dépens de qui ? Nous avions besoin, après la guerre, de voir le théâtre et la littérature, courageusement, noblement, prendre la tâche de refaire l'âme française ; on sait ce que nous ont donné théâtre, roman, et le reste, à l'exception de quelques œuvres d'autant plus précieuses, d'autant plus méritoires.

Et maintenant, nous faisons rire. Ce serait fort bien, si c'était pour répandre cette ironie salutaire, antiseptique de l'esprit et des mœurs, qui excite le rire du mépris ou le sourire du dégoût devant les spectacles odieux ou les parades ridicules. Mais non, ce rire du bon sens et du bon cœur, hautain et rude, est remplacé par le plus bas ricanement ou par la gaieté convulsive. Des gens, de tristes gens, de pauvres gens, ramassent leurs succès, peut-être leur pain, en travestissant leur pays et en souillant sa renommée. Il faut avoir longtemps vécu à l'étranger pour bien savoir ce qu'on endure à voir juger la France sur certaines œuvres.

Et l'effet de pareilles œuvres n'est pas moins mauvais dans le pays même que hors des frontières. Nombreux sont les esprits trop faibles pour réagir contre un spectacle ou contre une lecture. On connaît assez l'importance des premières impressions chez l'enfant ; celle des suggestions qui entourent l'homme ne semble pas moindre. On nous parlait, l'autre jour, de cette zone obscure dans l'âme humaine, de cette région où s'agitent en dehors de la volonté, les larves et les fantômes de la sous-conscience ; eh bien, dans l'ordre de la pathologie mentale, ce domaine est riche entre tous, et si vous permettez les spectacles ou les lectures qui éveilleront les instincts maladifs et pervers, alors vous verrez beau jeu.

J'ai dit : les lectures. C'est, en effet, de jour en jour, comme une surenchère de vice et de sottise dans l'amas d'imprimés qui circule, s'étale et déborde sur la voie publique. La tentation pour les faibles, la suggestion pour les corrompus, prend toutes les formes. Pareil à l'alcoolique, toujours à la recherche d'un breuvage plus excitant, pareil au gourmand qui se blase le palais à force d'épices, le public accepte les descriptions de plus en plus pimentées, vinaigrées ; il faut lui emporter la bouche, et l'on n'y manque pas. Ici les journaux mêmes sont coupables ; une enquête toute récente, instituée par une Revue, a montré que les philosophes, les écrivains, les médecins, les hommes de science ou d'affaires, s'accordent à penser que la publicité donnée aux crimes est un facteur puissant de la criminalité toujours croissante. Le fait n'est pas moins vrai pour la corruption morale, pour le vice de toute espèce.

Il ne se produit plus un scandale de mœurs, que telle et telle feuille, rivalisant d'ardeur, ne donnent les détails les plus faits pour le huis clos, et s'il se peut, le portrait des héros, ou des héroïnes. Aussi le résultat ne se fait point attendre. Ce qui était, au temps jadis, rare, clandestin, périlleux, s'exhibe à présent sur les voies les plus fréquentées de Paris, dans les promenades publiques ; le boulevard est infesté, la rue de Rivoli regorge, le bois de Boulogne est hanté de misérables, les Tuileries sont répugnantes. Et la police sait cela et la police ne fait rien, ou ne peut rien faire.

Mais, direz-vous, ces bacchantes du ruisseau, ces Adonis du trottoir ou des fortifications, personne n'est forcé de les regarder, de les suivre. D'abord, ces gens sont effrontés, toujours en quête de chantage. Et puis, comptez-vous pour rien, encore une fois, la suggestion sur les faibles ? Dans sa *Physiologie de l'amour moderne*, au chapitre IV, Bourget, avec tout son courage et son expérience, a touché cette plaie du « vice abominable » qui parfois se ravive chez les hommes vieillissants. Je n'insisterai pas, ici ; mais on peut du moins affirmer, avec les maîtres de la psychopathie, que l'offre éhontée, dévergondée, partout présente, fera fatalement faillir tels malheureux ou tels malades qui n'auraient point, sans cette honte de la prostitution publique s'étalant sous toutes les formes, senti s'agiter dans leur cœur l'animal qui, dit-on, sommeille en tout homme, d'un sommeil plus ou moins léger.

J'ai parlé de malades, et nous savons que c'est un nom commode pour excuser tout. Mais, à certaines maladies, il semble bien que les prisons offrirent toujours le meilleur des hospices. Et d'ailleurs, si l'on tient absolument à se montrer pitoyable, pourquoi ne pas interner comme fous certains criminels spéciaux ?

Quant aux autres, trafiquants mâles ou femelles, c'est une bonne loi sur les récidivistes, c'est la déportation à terme indéfini, largement, généreusement appliquée, qui en laverait la voie publique. Il conviendrait aussi, que les agents des mœurs multipliés partout, donnent à ces gaillardes et à ces gaillards la terreur chronique de tomber mal à propos sur un monsieur qui leur mettrait la main au collet. On me dit que beaucoup de ces racoleurs sont étrangers; il serait donc bien facile de les éliminer, car je ne pense pas que leurs ambassades les protègent !

Enfin, je crois que nous avons aussi un devoir, nous public français. Si nous savions, pour parler leur argot, « boycotter » sévèrement les pièces à raccrochage, les livres à suggestion, les publications à scandales, la moitié de la besogne serait faite : le jour où les critiques auront le courage, en rompant avec de tristes indulgences et des camaraderies néfastes, de signaler ouvertement ce qu'ils déplorent bien souvent, tout bas, sans trop oser l'écrire, le jour où l'on résistera devant des spectacles aussi niais qu'obscènes, en face de lectures pernicieuses et ridicules, le marché de certains produits sera ruiné, et, par là même, l'esprit public ne pourra plus être infecté par ces produits.

On n'a point assez le courage de lever les épaules quand on entend certaines choses. Nous sommes pourtant au pays où le ridicule tuait, autrefois. Maintenant, il aide souvent à parvenir. Mais le ridicule, avec ses annexes qui sont le laisser-aller et les compromis, dégringole tout doucement à l'odieux. Il y a longtemps qu'on l'a dit : « Le mauvais goût mène au crime. » Et je craindrais moins, je l'avoue, le vrai crime, avoué, patent, l'apache avec son surin au clair ou son browning dans la main, que le crime, insidieux, lâche, corrupteur, masqué d'inconscience ou de fantaisie, qu'il s'exhibe sur des tréteaux, qu'il se montre entre les pages d'un livre ou parmi les colonnes d'une revue et d'un journal, ou bien qu'il se pavane, sous une forme ou sous une autre, au beau milieu des passants.

UN BONHOMME DE JADIS

Brillat-Savarin va trouver, un de ces jours, dans sa ville natale, les justes hommages et le triomphe local qui lui conviennent, après un siècle. Mais si ce galant homme et ce gentil écrivain n'est point de Paris, il est au premier rang de ceux que l'on peut dire Parisiens d'adoption. Il a reçu de Belley, son pays natal, de ce ferme et savoureux et dru pays du Jura, l'amour du bien-vivre, la science de la fine chère, l'esprit sagace et modéré; sans compter la bravoure tranquille, dont il eut fort à faire usage, puisqu'il fut maire de Belley durant la Révolution, vit sa tête mise en péril, et dut émigrer en Amérique durant plusieurs années.

Mais il appartient à Paris; et voici comme : il sut incarner, dans ses goûts d'épicurisme modéré, cette société moyenne, cette bourgeoisie cultivée dont la Restauration marque, sinon l'avènement, du moins l'apogée. Ce conseiller à la Cour de cassation, douillettement installé dans un siège que ses aventures passées lui faisaient apprécier mieux, était par excellence un galant homme, habile à goûter sobrement les plaisirs choisis, la musique aussi bien que la table, et fine gueule, et fine oreille, et fine lame : il ne faut point oublier qu'il écrivit un *Essai historique et critique sur le duel*, préface digne des ouvrages plus copieux que devaient donner, parmi d'autres, Bazancourt ou Châteauvillard.

Ces gens de bonne compagnie, qui ne demandaient à la vie rien de trop, mais en savaient prendre tout ce qu'elle peut apporter à des désirs moyens, ces bons bourgeois qui s'amusaient franchement et mesuraient bien leurs plaisirs, Brillat-Savarin en fut le type même, et par sa personne et par ses ouvrages. L'une est si bien mêlée aux autres, qu'à relire la *Physiologie du goût*, il semble qu'on revive ces années prospères et douces, quand la France commençait à se reposer chez elle, à sa table, au coin de son feu, la lampe allumée et la bibliothèque rouverte. Ce n'était plus le temps des aigles ; mais le gentil pinson de France recommençait à gazouiller ; les aigles étaient retournés en Corse, ou bien claquemurés dans une île plus lointaine. Et l'on s'amusait à bien vivre, ce qui n'est déjà pas si bête.

Brillat-Savarin a fixé le code de ce savoir-vivre qui semble aujourd'hui si lointain : celui de bien recevoir, et de donner de bons dîners. Par là, ce brave homme a dépeint une race de Parisiens que nous avons connue encore, par quelques derniers survivants : celle de ces bourgeois modestes, mais soucieux de leur bien-être et du bien-être de leurs hôtes, ce qui est plus singulier et plus rare. Son livre a fixé ces images, et c'est, avec deux ou trois petits bouquins tels que le *Bréviaire du gastronome* et le *Manuel de l'amateur d'huîtres*, écrits par Nodier ou Aimé Martin, oui, c'est à peu près le seul livre où l'on retrouve ces figures du Parisien spirituel et gourmet, qui faisait séance chez Chevet ou chez Corcellet, achetait ses melons lui-même, rapportait ses primeurs sous son bras, ne craignait point d'aller aux Halles et courait même la banlieue pour des petits pois ou des fraises.

Ce n'est point sans raison que le créateur de Joseph Prudhomme illustra ses ouvrages gastronomiques : le bourgeois raffiné côtoie souvent le bourgeois de Monnier, et le bel estomac prépare quelquefois le ventru de Béranger. Mais, à côté des travers et des ridicules, soigneusement conservés par leurs arrière-neveux, ces bonnes gens avaient les plus précieuses des qualités sociales, et leurs héritiers les ont soigneusement perdues. Au temps jadis, dont notre enfance connut encore les épaves, on recevait bien, à Paris, un peu dans tous les quartiers : sans doute le pays latin ne donnait point les mêmes repas que le faubourg Saint-Honoré : le Marais ne ressemblait point, pour le luxe, à la Chaussée-d'Antin. Mais partout, dans ces vieux logis d'une commodité médiocre et d'un faste fort relatif, on trouvait un accueil bien fait pour donner cette joie paisible qui devrait être celle de la bonne société ; n'est-ce pas Brillat-Savarin qui a dit ce mot délicieux : « Convier quelqu'un, c'est se charger de son bonheur pendant tout le temps qu'il est sous notre toit ? »

Et pour préparer ce bonheur de l'hôte, que de soins on prenait ! C'était le temps où chaque maître de maison connaissait sa cave autant que sa bibliothèque : il y descendait, il savait y choisir des vins francs et nobles. Il en remontait glorieux. C'était le temps où la maîtresse de maison ne couraillait point de magasins en visites, et de visites en thés : on ne voyait guère ce que nous voyons maintenant plusieurs fois dans une saison : d'ineptes bourgeois, dont la seule raison d'exister et la seule excuse de vivre seraient une perfection absolue dans leur vie matérielle, des gens sans esprit ni valeur, riches si l'on veut, mais médiocrement, et qui se permettent de convier les artistes, les écrivains, les travailleurs des hautes tâches, pour leur servir la kyrielle des plats somptueux et gluants que prépare un grand pâtissier : sans parler de ces vins multiples qui faisaient dire à Roqueplan, lorsqu'on lui offrait du « madère » : « Alors, vous vous f... moquez de moi ! » Les personnes qui se laissent prendre deux fois à de tels festins ont sans doute une candidature à préparer ; ou bien sont-elles faméliques au point de n'avoir pas, chez elles, un œuf et une côtelette, du vin naturel et du pain?

Il y a aussi les « petits dîners sans cérémonie », où l'on vous sert la soupe claire, le gigot noir, le poulet rouge (par quel artifice un poulet peut-il être rouge? Et pourtant j'ai vu cela chez un provincial, doublement coupable, puisqu'il était d'une race gourmande et perpétrait, dans ses romans, les menus les plus succulents; c'était ses pages les meilleures et les seules vraiment humaines).

Brillat nous sort de ces horreurs : au retour de ces fêtes, quand on se reproche d'avoir encore une fois donné dans le piège infernal, on reprend son livre ; et l'on a l'illusion de revivre les temps heureux où la bourgeoisie de France ne pensait pas qu'il fût possible d'imiter les mœurs étrangères, quand on aurait rougi d'inviter ses amis hors de chez soi, et sans avoir dûment préparé leur plaisir avec toute la minutie des meilleures traditions. Que si, dans ces âges lointains, un plat venait d'un fournisseur, c'était d'une haute renommée : un Chevet, un Bontoux, pour la rive droite ; pour le faubourg Saint-Germain, Quillet; ou Banoir, le vieux Banoir du Puits-Certain, ce traiteur villonesque, pour le quartier latin.

Mœurs surannées, mais mœurs polies, où l'on s'occupait du prochain ; on ne pensait point seulement à « rendre » les politesses, — en admettant que les dîners si communs aujourd'hui soient des

« politesses » ! On avait honneur et plaisir à recevoir, et l'on sentait qu'il faut remercier certains hôtes d'être venus. Un vieux maître arrivé au faîte de tous les honneurs matériels, me racontait qu'il rencontra, certain jour, M. Désiré Nisard : « Où allez-vous ? lui dit l'élégant académicien. — Mettre des cartes aux X..., chez qui j'ai dîné. » Et il nommait des gens très puissants, par la Bourse. « Mon cher jeune ami, dit Nisard en se redressant, sachez donc que si vous ou moi nous dînons chez les X..., c'est eux qui devraient, ensuite, nous mettre des cartes. »

Du moins devraient-ils s'ingénier assidûment à nous faire revenir autour de leurs lourdes offrandes. Personne ne dérogerait en se donnant quelque peine pour recevoir ; je me souviens d'avoir vu, à la fin du siècle dernier, une Altesse impériale, auguste d'âge, de bonté et de gloire, s'en aller en personne, choisir, la veille de Noël, la dinde truffée que ses amis devaient manger sous les ailes éployées de l'aigle en vermeil dont le surtout s'ennoblissait.

Cette grande dame datait d'un temps où Brillat-Savarin exprimait les mœurs parisiennes. Pour rappeler ce temps défunt, il conviendrait de mettre un profil de bronze et une plaque, au Palais-Royal, en l'honneur du magistrat gourmet et de l'écrivain tempéré. Ce petit monument serait aussi bien à sa place, au moins, que le cénotaphe excessif de notre joyeux Larroumet ; si l'on érige des statues aux fonctionnaires, pourquoi n'en pas décorer les antichambres des bureaux, les escaliers des bureaux, les bureaux eux-mêmes ? La rue est pour ceux qui méritent d'être et de rester populaires. Ceux-là seuls ont droit de l'orner.

LES RELIQUES DE PARIS
LA MAISON DE BALZAC

Notre Paris devient chaque jour, par un progrès abominable, cette « Babylone américaine » que les Goncourt prédisaient dès 1860. Aux confins mêmes de la ville, dans ces arrondissements lointains qui étaient encore des villages il n'y a pas cinquante années, on élève de jour en jour ces immeubles aux ornements du style orthopédique, ces casernes surmontées par des sucriers aux couvercles biscornus, palais de rois nègres, et qui rendent si justement glorieux nos architectes contemporains.

Jusqu'à ces dernières années, l'ancienne rue Basse, à Passy, aujourd'hui la rue Raynouard, avait à peu près échappé au saccage. On s'est bien rattrapé depuis, et les mirlitons enrubannés suivant les formules de l'art moderne s'élèvent dans la vieille rue, nommée Basse au temps jadis, sans doute parce qu'elle est une des plus hautes et domine Paris entier. Qu'on aille voir les constructions édifiées sur les terrains pris aux Frères des Écoles chrétiennes : c'est comme l'image et le monument même du temps abject où nous vivons.

Parmi ces tristes mascarades, qui déshonorent la cité, quelques îlots, quelques reliques survivent du Passé français ; grâce à l'entente et à l'énergie de quelques fidèles, la maison de Balzac demeure intacte, préservée au milieu des monstrueux obélisques dont on hérisse le quartier.

Antique maison Louis XV, elle date peut-être du temps même où s'érigeait, un peu plus bas, sur la colline, le château qui fut la demeure de la princesse de Lamballe, et qu'avait possédé d'abord la fille du maréchal de Lorge, la belle-sœur du duc de Saint-Simon. Balzac, chassé par les recors de la rue Cassini, chassé de la rue des Batailles, chassé des Jardies qu'il fallait vendre à vil prix, s'y installait au commencement de l'hiver, en 1840 ; « à compter du moment où vous recevrez cette lettre, écrivait-il à l'Étrangère, le 16 novembre, écrivez-moi à l'adresse suivante : M. de Breugnol, rue Basse, n° 19, à Passy ».

Passy est entré dans Paris, le numéro 19 est devenu le numéro 47 ; mais la maison n'a point changé. Voici les marches qui conduisent, assez escarpées, de la rue au palier que gardait, pour isoler Balzac, une première sentinelle domestique ;

l'escalier se sépare, et la charmante rampe en fer forgé, légère et souple, plonge vers un jardinet : c'est dans cet enclos en terrasse sur la rue Berton que s'allonge, en équerre, le pavillon où Balzac passa huit années, les dernières années fécondes dans son prodigieux labeur.

Quand il découvrit cette retraite, vraie cabane d'écrivain prisonnier dans son œuvre, quand il entra dans la petite maison basse où il devait tant travailler, les matériaux de son œuvre colossale, qu'il appelait « ce jeune Colisée en construction », étaient amassés plus qu'à moitié. Il avait écrit, parmi tant d'autres livres, *les Chouans*, *la Physiologie du Mariage*, *les Proscrits*, *la Peau de chagrin*, *Eugénie Grandet*, *la Recherche de l'absolu*, *le Père Goriot*, *le Lys dans la vallée*, *Louis Lambert*, *Séraphita*, ses plus hauts chefs-d'œuvre peut-être, si *les Paysans* n'existaient pas.

Les Paysans, c'est ici même qu'il les écrivit, sans pouvoir les pousser au terme ; et c'est dans le petit pavillon, rue Raynouard, qu'il fit aussi *la Rabouilleuse*, *Ursule Mirouet*, *la Muse du département*, *Béatrix*, *Modeste Mignon*, *Mercadet*, *la Cousine Bette* et *le Cousin Pons*.

On entre dans la maisonnette par une porte à vitrages ; un couloir étroit ouvre sur la salle à manger, petite et carrée ; une sorte de resserre ou d'appentis couvre la place où se creusait, au temps de Balzac, l'escalier qui donnait sur la rue Berton ; c'est par cette issue que Balzac plongeait, s'évadait dans la rue creusée sous ses fenêtres, et pouvait défier les importuns ou les créanciers. Trois pièces, assez vastes et de plain-pied avec le jardinet, s'ouvrent dans le corps de logis qui fait angle avec l'entrée ; c'est la bibliothèque de Balzac, riche et ordonnée comme tout ce qui servait à son travail ; c'est la chambre où il s'endormait, brisé par la lutte avec le travail, au milieu de ces œuvres « écrites avec notre sang », et qui ne se vendaient guère, alors que Paul de Kock connaissait la vente triomphale : loi constante, règle éternelle de la production littéraire.

On peut voir, dans cette chambre même, la veilleuse de porcelaine où le café qui excitait, qui empoisonnait les veillées de l'écrivain, se tenait chaud. L'objet porte le chiffre et la couronne de Balzac ; ce besoin puéril et touchant qui lui faisait aimer les cannes d'empereur mongol, les boutons d'or à ciselures, le luxe énorme et aveuglant, lui faisait mettre son chiffre et ses armoiries imaginaires jusque sur cette humble vaisselle.

Mais la dernière pièce nous attire invinciblement : c'est le cabinet de travail. Bien que la maison soit haute, et que ce rez-de-chaussée surplombe d'une douzaine de mètres la rue Berton, où il apparaît comme un second étage, Balzac n'avait plus cet horizon immense qui l'enchantait rue des Batailles ; il ne pouvait plus dire : « De temps en temps je me lève, je contemple cet océan de maisons que ma fenêtre domine, depuis l'École militaire jusqu'à la barrière du Trône, depuis le Panthéon jusqu'à l'Étoile, et, après avoir humé l'air, je me remets au travail. » L'ancien château, qui devint bientôt la maison du docteur Blanche, masquait en partie l'horizon parisien, et cette banlieue qu'il adorait, dont il avait décrit les guinguettes et les bocages, et dont ses Jardies tant regrettées lui avaient déroulé naguère les plus belles perspectives. Mais la vue était belle encore, par échappées, sur ce Paris dont il connaissait chaque rue, dont il décrivait chaque enseigne, dont il étudiait chaque pierre et suivait jusqu'au plus petit changement ; et l'air des coteaux versaillais et des plaines montrougiennes lui arrivait, porté par les vents d'ouest ou du sud, à travers les courbes de la Seine toute prochaine.

Il ouvrait la porte-fenêtre sur la petite allée de vignes, qu'il arpentait dans la nuit solitaire. Il allait jusqu'à ces arbres entre lesquels il se plaisait à faire dresser sa baignoire, pour se reposer en plein air, et dans l'eau, ses grandes délices quand il avait trop travaillé.

Et toujours il travaillait trop : « Je suis le Juif-Errant de la pensée, disait-il, toujours debout, toujours marchant, sans repos... je mendie l'avenir, je lui tends la main. » L'avenir lui a largement donné ; n'était-ce pas justice ? C'est là, devant la même table qu'on nous montre, en face de cet encrier un peu cocasse et en forme de cadenas, entre cette fenêtre basse et cette pauvre cheminée en marbre et plâtre noir, c'est là qu'il s'enfermait la nuit, rideaux tirés, pour arriver à la congestion cérébrale, qui était chez lui nécessaire, et comme la condition même de son génie. C'est là, dans cette chambrette à jamais sacrée par l'effort et par la conquête de la gloire, qu'en décembre 1843, à l'apogée de sa puissance intellectuelle, il apprit qu'il était repoussé par l'Académie française « à cause de sa situation financière ». C'est entre ces pauvres murailles, sous ce plafond bas, qu'il écrivait : « Je suis bien niais, de m'occuper de ces trente-six cadavres, et, mon métier est d'achever mon manuscrit, et non de courir après des *voix !* » C'est là qu'il adressait à Nodier, un de ses très rares patrons, la lettre la plus digne, et la plus écrasante pour les autres messieurs.

« Diable, diable, disait Dupin à Victor Hugo qui le chapitrait pour Balzac, en attendant qu'il l'enfonçât, l'année suivante, dans l'égout des *Châtiments*, diable, vous voudriez que Balzac entrât à l'Académie d'emblée, du premier coup, comme ça ! Vous citez des exemples, Patin, Saint-Marc-Girardin, Brifaut ; mais ils ne prouvent rien ! Songez donc, Balzac à l'Académie ! Vous n'avez pas réfléchi ! Est-ce que ça se peut ? Mais c'est que vous ne pensez pas à une chose : Il le mérite ! » Qu'importent ces pasquinades ? Les choix que font l'avenir sont rarement académiques.

Dans cette petite maison qui a su demeurer

vieillotte, délicieusement surannée, nous cherchons cet effort sublime, cette miraculeuse audace d'un Balzac planant sur Paris qu'il domine, possède et crée à l'image de sa pensée. Durant ce furieux effort des huit dernières années, l'espérance le soutenait, invincible et opiniâtre : « Enfin, criait-il, je vois le moment où je sortirai de cet abîme sale. » Et il se dressait là, dans sa force gauloise, avec cet air de « sanglier joyeux » que lui reconnaissaient les hommes de son temps.

Mais il devait recevoir le coup mortel des mêmes mains qui semblaient lui ouvrir les portes d'une vie nouvelle. Comment se laissa-t-il séduire aux charmes bovins de celle qui mérite si pleinement cet horrible nom d'*Étrangère*? Aux heures mêmes où ses dettes s'atténuaient, où son labeur forcené comblait à peu près « l'abîme sale », voici qu'une influence de désordre et l'obligation de se faire nomade, par quelles distances! pour rejoindre la dame russe, désorganisait son travail et recommençait à creuser le gouffre où il devait tomber épuisé.

En 1842, il écrivait, à quarante-trois ans : « J'ai encore quinze ans de quasi-jeunesse. » Huit ans après, il était mort ; ses papiers se vendaient au poids chez les épiciers du quartier Beaujon. L'*Étrangère*, avec son amour, son Ukraine, et ce qu'elle mit d'incertitude dans sa fin, l'avait tué, ou, tout au moins, l'avait achevé.

Mais alors, il avait quitté depuis deux années

la petite maison de la rue Raynouard. L'hôtel de la rue Fortunée — dont le musée Carnavalet conserve une porte bizarre — fut son tombeau.

C'est dans la vieille petite maison de Passy qu'il avait terminé son œuvre, et, presque, sa vie. L'une et l'autre étaient trop fortement unies, elles devaient finir ensemble, malgré l'apparence de grâce que le destin sembla donner durant quelques saisons encore au grand écrivain moribond. A dire vrai, Balzac est mort en 1848, bien qu'il ait semblé vivre jusqu'en août 1850 ; il a fini sa carrière avec cette société de la Restauration, avec ce règne de Louis-Philippe, dont il fut le peintre, le guide, et le plus rude accusateur.

LES RELIQUES DE PARIS

SAINT-GERMAIN DE CHARONNE

Paris possède encore, dans l'enceinte de ses murailles, une église campagnarde sise au milieu de son cimetière, comme elle pourrait l'être dans la Beauce ou dans le Berri. C'est là-bas, vers les dernières limites des faubourgs inconnus, au fin fond de Charonne.

Sur une rue qu'on est en train de saper, l'église Saint-Germain de Charonne se dresse, tronquée, ruineuse et charmante, au-dessus d'un escalier qui lui fait piédestal avec ses trente et une marches. Elle est couverte de ces tuiles anguleuses qui prenaient un si joli ton velouté, et dont on faisait les toits des maisons villageoises ; sur ses arcs-boutants écartés et massifs, le clocher pose un bonnet d'ardoises ; il est en piteux état, les voliges sont découvertes par endroits et là-dedans il doit pleuvoir, neiger et grêler tout à l'aise. Il conserve encore son coq, ce bon petit clocher rural, et il le montre fièrement, en brave clocher de banlieue qu'il fut, durant huit ou neuf siècles.

Car cette vénérable église daterait, dit-on, du onzième siècle; on veut même — et la légende est gracieuse — qu'elle ait été édifiée sur le lieu même où sainte Geneviève fit ses vœux; et l'inscription et le méchant tableau d'école qui sont dans l'entrée rappellent la bénédiction que saint Germain l'Auxerrois octroyait un jour à la pastoure de Nanterre. Malgré les remaniements que l'incendie, au dix-huitième siècle, fit faire au petit monument, Saint-Germain de Charonne garde toujours, au bas-côté de droite sous la tour des cloches, des piliers aux chapiteaux fort·antiques et que décora l'imagination fleurie du treizième siècle. Les maîtres sculpteurs ont cueilli le trèfle, la vigne pointue, la fougère, pour orner avec cette flore paysanne les colonnes de la maison sainte. Les vignerons de Charonne, en levant la tête à l'office de saint Vincent leur patron, pouvaient reconnaître autour de la maison de Dieu les pampres de leurs échalas.

Car le village de Charonne fut longtemps vignoble; on y récoltait ce petit vin de la banlieue qui est en horreur aux gourmets et que les vrais Gaulois, depuis Henri IV jusqu'à Hugo, préféraient à des crus illustres; pour un natif de nos coteaux parisiens, il n'est pas de breuvage plus régalant que ce ginglet, ce ginglard, ce vin sans valeur et sans renom; il a la sève et l'ardeur crue du vrai terroir, il rend ironique et hardi. Mais où le trouver, à présent ?

C'est à Charonne que Jean-Jacques Rousseau, le jeudi 24 octobre 1776, fit « après-dîné » cette herborisation par les sentiers, les vignes et les prairies, qui lui donna trois plantes rares et se termina par une si terrible culbute. C'est ici même qu'il écrivit la plus délicieuse page de sa meilleure *Rêverie* ; souvenez-vous ! « Depuis quelques jours on avait achevé la vendange ; les promeneurs de la ville s'étaient déjà retirés ; les paysans aussi quittaient les champs jusques aux travaux d'hiver. »

Et le reste, qui est divin.

Promeneurs, paysans, ont à jamais quitté le Charonne moderne, fertile seulement en rues sinistres, en hospices, qui voient déferler à leurs portes les misères du faubourg noir, en murailles lépreuses où l'on chercherait les traces des fusillades et le sang des otages. Mais nous allons trouver tout à côté comme une image de Jean-Jacques herborisant, dans la statue falote qui se dresse au petit cimetière.

C'est un champ d'herbe mûre, ce cimetière ; la chélidoine étale ses pastilles d'or, les lilas de Perse s'inclinent sous leurs grappes mûres, les boutons d'or étoilent partout la verdure, les coqs chantent comme au village dans les masures contiguës, où plongent les arcs-boutants de la façade méridionale ; la sépulture des curés, derrière l'abside plate, disparaît parmi les véroniques et les brômes. Mais le vacarme de la tôle qu'on frappe et refrappe dans une usine mitoyenne, avec un bruit à réveiller les morts, rappelle au promeneur qu'il est dans Paris. Les fumées des hauts fourneaux s'étalent en crêpe de deuil sur le ciel et tout l'horizon, l'azur délicat de Paris est sali de nappes noirâtres. Voici des ifs centenaires sur une tombe au nom perdu, à l'inscription effacée. Et plus haut, derrière la plus délicate grille en fer forgé, toute rongée de rouille, n'est-ce pas Jean-Jacques lui-même, ce personnage copié sur l'estampe de Moreau le jeune, et qui tient d'une main un bâton, de l'autre un petit bouquet de fleurs ?

Venons plus près. Le personnage a la figure de Michelet, sous le chapeau de Napoléon 1er. Ce n'est point Jean-Jacques : c'est un petit bourgeois aussi, un petit bourgeois bucolique et malfaisant; il porte le costume de la Restauration, encore fidèle aux vieilles modes. Et nous ne savons pas grand'chose sur ce Magloire Bègue, sinon qu'il fut le secrétaire particulier de Robespierre. Il devait être originaire de Charonne, car ce prénom de Magloire n'est pas fréquent, sinon pour les cuisinières du temps jadis ; or, la première charte de Charonne fut octroyée par le roi Robert à l'abbaye de Saint-Magloire. Est-ce pour cela que M. le secrétaire, que le « citoyen secrétaire » de *l'Incorruptible* revint vieillir et mourir à Charonne, chez son compère Herbeaumont, serrurier d'art ? Comme tant d'autres parmi ces sinistres pantins, le sanglant fonctionnaire devint un doux horticulteur ; la main qui inscrivait les noms pour la guillotine ne mania plus que le paisible sécateur et le greffoir bucolique. Inconnu, oublié ou dédaigné, Magloire Bègue donna son nom à une rose ; ces pauvres roses en supportent de toute race et de toute espèce. Et quand il décéda, son ami le serrurier fit un « entourage » de choix pour sa sépulture, et l'admiration des Charonnais lui éleva cette statue de bronze, qui verdit en paix dans l'enclos.

La Restauration n'a pas abattu l'image de Bègue le jacobin, mais elle fit arracher les inscriptions du piédestal. On voit encore les trous des tenons qui fixaient les lettres ; et cela forme comme de vagues caractères hébreux, autour de cette pierre mutilée. Si quelque jour ce cimetière est désaffecté, que l'on porte cette statue, avec sa pierre et sa grille, à Carnavalet. Ce vieux fantoche y sera bien, parmi les autres artisans de nos lugubres destinées.

Ce quartier, d'ailleurs, est tout plein de souvenirs robespierristes. Et ces Cadet-Roussel féroces ont beaucoup vécu par ici. Un peu plus bas, dans la rue de Charonne, il y a la maison du docteur Belhomme, autre ami de *l'Incorruptible*. L'ancien numéro 32 du dix-huitième siècle se voit encore sous les couches de badigeon qui empoissent la délicate petite maison Louis XVI ; tout auprès, 163, rue de Charonne, c'est la maison rocaille, aux mascarons sculptés, que Belhomme louait au marquis de Chabanais, afin de s'agrandir ; c'est là que furent détenus la duchesse d'Orléans, mère du roi-citoyen, et son ami Rouzet, qui porta le nom de comte de Follemont et repose à Dreux avec les membres de la famille; c'est là-dedans que les actrices comme Mlle Lange, les cabaretiers comme Ramponneau, les lumières de la politique avec Portalis, et tant d'autres, ont caché ou fini leur vie. Présentement, une tôlerie occupe le plus ancien immeuble et des chiffonniers farfouillent en face, dans un terrain vague.

Mais, avant de quitter Charonne, son église et son cimetière, on peut se figurer ce que doit être ce lieu bizarre au moment de la pleine lune, par les nuits calmes. Les fabriques se sont enfin endormies; le clos a refermé sa porte, les ombres et les clartés font une parure de ballade aux vieux ifs, à la grille dentelée, à la statue étrange, et la silhouette du clocher marque tranquillement les heures sur l'herbe qui couvre les morts...

Le jour, au contraire, l'enfer semble dans ce quartier. Les noms des rues y sont rustiques: rue des Vignobles, rue des Haies, rue du Parc, rue des Prairies, rue Florian, rue des Orteaux, rue du Clos; mais rien ne subsiste, ou à peu près, de l'ancienne banlieue. Pour qu'un débris du parc de Bagnolet — ce pavillon Louis XV où fut le billard du Régent et qui abrita dans la suite le fabuleux baron de Batz et sa fidèle Marie Grandmaison — pour que ceci fût conservé, il a fallu qu'il devînt la propriété de l'hospice Debrousse.

Le reste est dépecé, coupé de ruelles tortues, d'impasses éclairées à l'huile, de misérables cités et de venelles qui se butent souvent au Père-Lachaise. Comme je sors de la rue Lisfranc, une mégère me regarde. Où l'ai-je vue, jaune, édentée, les yeux féroces et sanglants ? Ah ! je sais : dans ma plus lointaine enfance, pendant la Commune, on trouvait de ces vieilles-là contre les pavés mis en tas. Ou bien c'est peut-être cette Sibylle qui vivait à Charonne, au treizième siècle :

> L'an mil deux cent et vingt et dix
> Fu à Charonne la devinne.

Elle a bien l'air d'avoir sept siècles ; elle a même l'air d'avoir le double. Habite-t-elle cette impasse Satan, si bien nommée ?

A mesure que l'on descend la longue rue de Bagnolet, la très longue rue de Charonne, après qu'on a tourné le coin du cabaret *A la Tête de Cochon*, qui abreuva peut-être Magloire Bègue, le faubourg se fait plus sinistre. Dans une fumeuse poussière, les cabarets hurlent, les gramophones font rage, les bars, les cinémas regorgent ou tintinnabulent ; chaque table où l'on boit est bondée de consommateurs, chaque comptoir est assiégé ; le résultat, on peut le voir lorsqu'on rencontre, comme moi, la sortie de l'école rue Basfroi ; maigres ou bouffis, verts ou jaunes, rachitiques, gonflés, bancroches, les enfants montrent l'influence de l'alcool que les parents boivent. Et j'ai dans l'oreille le mot désespéré que me disait un médecin de dispensaire après qu'un savant anthropologiste venait d'examiner ses clients : « Il trouve tous nos enfants anormaux. » Hélas !

Du haut de sa colline, Magloire Bègue peut être fier, en sa tombe sordide. Le progrès qu'il avait rêvé triomphe : le petit village où s'égrenaient les paysans est devenu, en moins d'un siècle, cet enfer de crasse et de bruit. Là-dedans, parmi l'écume des étrangers que je reconnais et qui les concurrencent, les citoyens, les électeurs, les « hommes libres » suent, travaillent dans la nuit, boivent, crient et meurent. Sont-ils plus heureux que jadis, au temps où les clochers veillaient sur le cimetière paisible et sur le village écarté ? J'espère, pour eux, qu'ils le croient.

LA MAISON DE J.-J. HENNER

Le petit village d'Alsace, de notre Alsace, où Jean-Jacques Henner est né, en 1829, inaugure le monument élevé au peintre illustre. Mille souvenirs se réveillent dans notre mémoire de Parisiens, qui avons tant connu le maître et l'avons vu, trente années durant, vivre parmi nous et répandre pour nous l'inimitable poésie de son œuvre. Peut-être l'ai-je mieux et plus longtemps pénétré, dans l'intimité familière qu'il m'a si longuement ouverte, et c'est la figure d'Henner parisien que je voudrais évoquer, dans le moment même où son pays de Bernwiller lui rend l'hommage alsacien.

Au numéro 11 de la place Pigalle, on arrivait un peu lassé par la montée montmartroise. Souvent, près du petit bassin qui faisait le centre de la place, on voyait des modèles, comme sur l'escalier de la Trinité-des-Monts, à Rome. La maison, haute et biscornue, toute en vitrages bleuis par le nord, était une maison d'ateliers. Puvis de Chavannes y travailla dans le temps même où Henner y vivait aussi : les meilleures formes de notre Idéal, pendant plusieurs années, sont sorties de là.

Quand on avait franchi la grille, et l'antre aux puissantes senteurs d'une très antique portière, après avoir donné au matou formidable une caresse obligatoire, on grimpait un escalier noir, où les noms de peintres divers s'entrevoyaient sur des petites portes basses. Au deuxième étage, on sonnait à la porte de droite; il fallait savoir tirer d'une façon particulière, à trois reprises espacées, le cordon de la sonnette fêlée. Si l'appel avait été rythmé selon les règles, si le maître était disposé à quitter son modèle ou l'hôte avec lequel il conversait, on entendait un pas traîner dans d'épais chaussons, et la porte s'entr'ouvrait pour montrer Henner, qui vous scrutait dans la pénombre.

Dès qu'il vous avait reconnu, l'atelier s'ouvrait sur le petit corridor noir. Et l'on se trouvait dans cette lumière froide, savamment ménagée, qui était indispensable pour le peintre. Aux murs, de vagues tapisseries, faisant fond, enfumées et poudreuses, peu de bibelots, quelques plâtres, un rang d'études qui contenaient d'anciennes copies faites en Italie, ou les premières pensées des meilleures œuvres; je vois encore une tête de fillette, profil blond avec un ruban rose déteint dans les cheveux, et ce ferme portrait de son frère, ambré de chair, aux noirs puissants dans la coiffure et les vêtements usés. Il y avait un vieux bureau plein de bouquins, de paperasses, sur lequel Henner écrivait, de sa lourde et forte écriture, un remerciement, un conseil bref et curieux. Une estrade pour le modèle, au fond; des tableaux commencés, çà et là, mettant la pâleur mystérieuse de cette art si particulier, dans les coins d'ombre verdâtre. Et le grand, l'énorme divan, les sièges épars qui servaient au repos ou aux entretiens d'amis, à la fin de la tâche.

Avec son accent alsacien, aussi intact qu'aux premiers jours, Henner, qui touchait à la soixantaine quand je l'ai connu, savait causer en Parisien de Paris. Et même il tirait de l'accent traînard et pataud les effets les plus imprévus. C'est ainsi qu'il osa répondre à une vaniteuse dame de la société métèque, pour lui apprendre à se plaindre de son portrait : « Qu'est-ce que vous voulez de plus ? Je vous ai fait des yeux de *prune*. » Et jamais la dame ne sut si le maître avait voulu dire : *prune*, ou *brune*, car ses yeux, d'un noir mat et froid, ressemblaient vraiment à des prunes, à des pruneaux. Elle s'en tint à cette riposte sommaire.

La première fois que j'ai vu le peintre, il était encore tout chaud d'une escarmouche qu'il avait eue la veille, à une table amie, avec Banville (il le nommait, comme bien vous pensez, « Pamphile » !). Contre l'apologie du fantastique et du brillant dans l'art, Henner avait prêché au poète de *Deidamia* la poésie vraie, celle qui sort de la nature humblement acceptée, étudiée, dépeinte : « Oui, répétait Henner, les anciens ont fait ainsi; quand ils peignaient, ils montraient l'homme de tous les jours, dans son vêtement ordinaire. Voyez l'*Érasme* de Holbein. » Et il racontait ses études au musée de Bâle, les patientes séances où il demandait, poursuivi par la mauvaise volonté du conservateur, les secrets de son génie au vieil Holbein.

Henner pouvait bien tenir tête même à l'étincelant causeur que fut Banville. L'esprit courait sur ces lèvres perdues dans la broussaille d'une barbe socratique, il scintillait dans ces rides amenuisées sur la face large, au coin de ces petits yeux bleus, si vifs sous les lourdes paupières; une ironie légère éclairait ce visage, entre le col débraillé de la vieille vareuse et le couvercle quelconque, béret sans couleur ou chapeau défoncé, qui abritait le vaste front. Un jour, Henner parlait de son ami Meissonier, alors dans tout l'éclat d'une gloire viagère; il revenait de l'Institut, qui leur était cher à tous deux, et Meissonier l'avait traîné voir je ne sais quelle merveille récente, production dernière de son laborieux génie. « Je lui ai dit, scandait Henner, je lui ai dit : « Comme tu peins clair ! « Mon Dieu ! c'est merveilleux, ce que tu peins clair ! « Non, vraiment, pour peindre clair comme ça, c'est « pas possible, tu dois prendre une palette en pit- « chpin. »

Ses mots allaient plus loin encore. Un jour, certain confrère fort « arrivé », chamarré, renté, fabricant fameux et cossu d'anecdotes rurales au goût bourgeois, avait convié le bon Henner à l'une de ces séances admiratives qui feraient fuir aux plus patients les ateliers de certains peintres. Henner s'extasie poliment, multiplie les : « Bien, bien, très bien ! ah ! c'est vraiment bien. » A la fin, quand il se croit exonéré, le patron du lieu lui saisit la main et, le fixant avec une anxiété tragi-comique : « Au moins, tu es sincère, Henner, tu es sincère, n'est-ce pas ? » Henner prend un visage morne : « Non, mais, voyez-vous, répond-il, avec ça, il faudrait encore être sincère ! » C'est de mots pareils que mourut l'autre académicien.

Le propos se faisait parfois plus brutal, plus marqué de l'esprit rapin, sans être moins expressif. Bouguereau avouait un jour devant Henner qu'il ne pouvait se déranger pour se mettre à table, dans la matinée, parce que le déjeuner lui coûterait trop de temps et trop d'honoraires. « Oui, oui, dit Henner, je comprends ; quand tu es forcé d'aller... — et il dit crûment où c'était... — ça te coûte dix mille francs chaque fois. »

Mais, à côté de ce railleur qui tenait si bien sa partie chez un Gérome ou chez un Alfred Arago, nous trouvions l'artiste capable de créer l'Idéal et de le comprendre chez les grands maîtres. Je n'oublierai jamais ce qu'il me disait de Prud'hon, lorsque j'osai le consulter pour un travail de mes débuts. Sur Holbein, je l'ai dit, son admiration ne tarissait point. Et tout près de chez lui, rue Chaptal, aux lundis de M. Eudoxe Marcille, c'était une fête d'entendre Henner commenter un Chardin, faire sentir la beauté mâle et profonde des humbles scènes, des personnages familiers, de la lumière discrète, analyser les belles touches, vous mettre le doigt sur tous les caractères d'un franc génie.

Il se plaisait à raconter que la vision particulière de son art, ce rayonnement lunaire de la nudité qui se révèle au crépuscule, il la devait à la fois aux campagnes romaines et à notre Ile-de-France. La première fois qu'il avait compris cette note vibrante et pure de la chair lumineuse sous la clarté qui disparait, c'est dans les environs de Rome, en voyant des jeunes bergers se baigner au Tibre, sous les ombres du soir, et lui apparaître nus sur le fond noir des cyprès. Et la même féerie des tons, le même mystère qu'il a si divinement exprimé dans plusieurs œuvres, il les retrouvait sous les cyprès de la campagne dans la banlieue parisienne, et sur les bords d'un vieil étang aujourd'hui déshonoré, muré, mais qui était alors hanté par les peintres, et libre, et frémissant sous ses vieux arbres tigrés de couleur, bariolés le long de leurs troncs rugueux par les raclures de palette. Il me parut qu'il m'aimait mieux lorsque je lui avouai que l'étang du Plessis-Piquet reflétait mon ciel natal et avait vu mes premières glissades : « On va chercher bien loin, disait-il, et rien n'est plus beau. Ces rangs de cyprès, dans les champs, ces masses d'arbres et cette eau calme; on y voit les nymphes aussi bien que dans la campagne romaine, aussi bien qu'aux bords du Tibre.

Je l'ai dit à Hébert, je n'ai pas besoin de retourner à Rome. » Et il s'en allait déjeuner au *Coup du Milieu*, et il peignait la Fosse Bazin ou la Mare de Villebon. Et il nous faisait voir les nymphes. dans ce cadre de nos banlieues, comme dans les campagnes italiennes. Je n'osai jamais, cependant, lui avouer que je les y voyais, moi, non pas autant, mais mieux encore, et plus nôtres, et plus divines.

Henner, comme tous les grands cœurs, était demeuré très fidèle au pays natal. A Paris, il évoquait avec délices son village de Bernwiller. Il y achetait sans relâche des terres et des terres. Si bien qu'un de ses amis prétendait qu'il voulait racheter l'Alsace pour en faire cadeau à la France. Il me décrivait, certain jour, une plante admirable, au port magistral, à la forme plastique, venue sur un tas de gravois à la porte de sa maison rustique; il me disait comment il l'avait protégée, recommandée, laissée grandir ; sa description était exacte et minutieuse; je n'eus pas de peine à reconnaître que c'était là une hièble, et il fut ravi de savoir ce nom à l'aspect antique, pour désigner sa chère plante. C'est ainsi qu'il savait trouver, dans les choses mêmes où le commun des gens ne voit que la prose vulgaire, la poésie de la nature et la beauté du caractère ; tant il est vrai que le génie, comme les belles plantes sauvages, s'enracine, et se nourrit, et croît n'importe où, selon qu'il plaît à Dieu.

PARIS DIFFORME

Le grand mouvement d'opinion qui s'est produit depuis plusieurs années, contre l'enlaidissement systématique de Paris, vient d'émouvoir, chose bizarre, jusqu'au Gouvernement lui-même. Après tant de protestations élevées par les conseillers municipaux, par les artistes, par les écrivains, voici que la direction des Beaux-Arts semble s'allier avec les défenseurs de la beauté parisienne. Un peu timidement encore, mais sans toutes les hésitations ordinaires, on nous promet que l'on va faire démolir les combles de cet hôtel Astoria, qui se hausse impudemment derrière la place de l'Étoile; mais on n'est pas encore sûr de pouvoir raser ceux qui se hérissent dans la rue de Castiglione. Il faut pourtant y arriver, et surtout il faut éviter que jamais, en aucun cas, à l'avenir, les propriétaires et les architectes aient la liberté d'abimer les perspectives parisiennes, de défigurer, au mépris de la loi, des maisons soumises à des servitudes exactes et d'empiler sur les voies de notre cité leurs auberges prétentieuses, payées par des compagnies étrangères.

Vous savez comment le scandale a pu se produire. Les causes, les responsabilités en remontent à ceux-là mêmes qui devaient défendre Paris, en sauvegarder la beauté, en protéger, en maintenir les traditions et le caractère. C'est à l'Hôtel de Ville même, et par la faiblesse des uns, par le népotisme des autres, par la combinaison funeste du laisser-aller officiel et des intérêts officieux que le mal a pris naissance et a pu, malgré les efforts des vrais Parisiens, s'accroître et s'invétérer. Le principe, ainsi que l'exposent les excellents travaux de M. Émile Massard, conseiller du XVIIe arrondissement, le principe de tout, c'est cet inepte, ce criminel décret du 13 août 1902, perpétré dans les bureaux, œuvre chérie et caressée de ces bureaux que nous payons pour nous molester et nous trahir. On sait comment ce décret présidentiel, au lieu des 17 mètres 55 accordés naguère aux constructeurs d'immeubles, porte à 20 mètres sur l'aplomb et, si le bâtiment est large, jusqu'à 30 mètres au faîtage, la hauteur permise aux maisons.

Trente mètres ! et cela dans le moment même où la traction mécanique, de plus en plus intense, comble nos rues mal arrosées et souillées de toute manière, et projette des poussières qui ne pourront s'évacuer dans des puits aussi profonds. Trente mètres ! c'est-à-dire l'air, la lumière, l'hygiène, annulés dans Paris. On pouvait du moins, en attendant le jour où l'on rapportera cette absurde décision, — jour prochain et qu'il faut hâter ! — on pouvait se servir des armes que l'on a, pour repousser les tentatives faites sur le centre de Paris. On ne l'a même pas tenté.

Car c'est dans le centre que le terrain vaut le plus cher, et, naturellement, c'est là que l'égoïsme de certains capitalistes et l'effronterie des architectes se sont le mieux essayés. La rue de la Paix, la place de l'Opéra, l'avenue de l'Opéra furent mutilées. Et par qui ? Au refus d'un praticien plus scrupuleux, par le fils même de l'homme néfaste qui succéda jadis à M. Alphand comme la nuit succède au jour. Car le népotisme fleurit dans les bureaux comme en Sorbonne. Cependant, qui va succéder aux bureaucrates enfin admis à la retraite ? D'autres bureaucrates, leurs disciples, formés à leur image, et qui suivront leurs traces.

Aussi, malgré les justes reproches de la presse, malgré les injonctions du conseil municipal, malgré les interpellations à la Chambre et les promesses au sous-secrétariat d'État, l'œuvre des taupes administratives se poursuit clandestinement jusqu'au jour où leurs taupinières, soulevées à coups de millions étrangers, se découvrent derrière les échafaudages qui les masquaient. Et Paris compte une laideur de plus, et la compagnie allemande ou américaine, servie par des complices français ou soi-disant tels, compte un triomphe de plus.

Le résultat, vous le voyez. C'est, au cœur même de Paris, les édifices monstrueux de la *Samaritaine*, bouchant et dégradant l'entrée de la rive droite par le Pont-Neuf ; c'est, place des Pyramides, l'hôtel Régina ; c'est, avenue de l'Opéra, l'hôtel des Deux-Mondes ; ce sont des hôtels et des confiseurs exotiques saccageant la rue de Rivoli, des enseignes au nom sauvage et aux prénoms grotesques pavoisant la place Vendôme ; c'est deux combles d'auberge brisant la perspective rue de Castiglione et l'immeuble épaté d'une compagnie yankee déshonorant la place de l'Opéra et le coin du boulevard ; c'est d'autres auberges encore émaillant les Champs-Élysées et dansant leur gigue au-dessus de la place où nous adorons tristement l'Arc de Triomphe. Au bas de cela, ces hideuses gares du Métro, qu'un humoriste appela si justement « les modèles du style ténia ». Ce sont les statues misérables, qui ont pleuré pour avoir du bronze, et, sur nos ponts nouveaux, les sculptures dues aux protégés des bureaux. Et ce sont, sur les toits, les affiches de bouillons gras, ou de biberons, ou de *pneus !* A quoi cela ressemble-t-il ? Et qui donc laisse transformer Paris en un bazar funèbre, en une foire sans gaieté ? Quel est l'étranger, le métèque inconscient ?

Hélas ! on l'a dit. Lisez le rapport de M. Massard, à la page 7. Je m'appuie sur les textes officiels : « L'administration de la préfecture de la

Seine est à nos yeux coupable... » Et il cite (p. 8) par deux fois M. Bouvard, sur la foi du *Journal des arts*. A la page 12, c'est M. le sous-secrétaire d'État qui incrimine encore la préfecture. C'est en vain que l'administration se prétend désarmée; le conseiller municipal Massard et le député Chastenet lui mettent sous les yeux les textes qui couperont court aux ergotages et laissent entière sa responsabilité. Les architectes désintéressés, les artistes officiels qui siègent à l'Institut accumulent contre elle démonstrations et griefs. Aux pages 21, 23, 25 du rapport, les preuves et les documents l'écrasent.

Enfin la vraie raison est dite; on bâtit « au hasard des fantaisies de parvenus ». Ah! que Balzac avait raison! c'est M. de Nucingen qui nous gouverne, et, comme il n'est pas de chez nous, il nous saccage le pays Que peut-il comprendre, cet homme ? Le terrain vaut cher, il faut gagner le plus possible, voilà tout.

Mais il y a pourtant des gens, au-dessus des « commissions compétentes », dont on se sert pour masquer les tours de passe-passe; il y a des fonctionnaires supérieurs, ce sont eux qui signent les arrêtés; leur incurie, leurs complaisances, leurs autorisations étranges, leur mépris de leurs droits qui sont nos droits, voilà ce qui permet d'agir aux bandes clandestines et intéressées. Et sans doute je consens que M. le préfet de la Seine soit écrasé sous l'innombrable masse de ses obligations; mais il y eut jadis, pour l'alléger de devoirs excessifs, un homme énergique, un Alphand, qui savait être responsable au grand jour, parce qu'il était sans peur. Ne pourrait-on pas découvrir quelque fonctionnaire, peut-être pas décoratif ni bien en cour, mais qui ferait son devoir, et saurait parler, et résisterait aux entreprises des taupes?

Oui, nous devons le dire, nous qui sommes libres, sans nulle attache officielle, Dieu merci! nous autres les contribuables qui entretenons ces messieurs; nous devons le dire, même à M. le préfet de la Seine, grand-croix de la Légion d'honneur, officier de l'Instruction publique, membre de l'Institut, sénateur de Lot-et-Garonne, nous devons le lui avouer

Avec tout le respect que ses titres inspirent,

un préfet de la Seine (fût-il sénateur de Lot-et-Garonne) est le tuteur désigné de Paris. Et Paris n'est pas un champ d'expérience où les agioteurs étrangers soient libres, au mépris des lois, d'édifier leurs gratte-ciel monstrueux et leurs dérisoires campaniles. A l'heure où les clochers de France, les vrais clochers, tombent en ruine, nous ne voulons point voir notre ville déshonorée par les pinacles de spéculateurs, les donjons d'aubergistes nègres, les châteaux forts de banquiers tudesques. La hideur du Berlin moderne et de la Rome contemporaine nous avertissent qu'en Europe certains plaisirs sont périlleux.

La ville moderne, grâce aux inventions nouvelles, doit s'étendre en largeur et non en hauteur. On peut aller vite, on peut aller loin, pourquoi s'empiler dans un air sale et malsain ? Déjà, l'on a laissé massacrer, par des maisons incohérentes, le XVI⁰ arrondissement, où les servitudes de la Muette et du Ranelagh devaient être augmentées et non violées. Déjà, si l'on n'y prend pas garde, on va gâter le Champ de Mars et la charmante perspective de l'École militaire. Sur tout cela, comme sur les travaux du centre, la préfecture doit veiller. Si l'Institut ou le Sénat occupent M. le préfet au point qu'il ne puisse songer aux intérêts publics dont il a la garde, qu'il en remette la tutelle à des mains fortes et qui sachent défendre, détruire et frapper. Paris le veut. Paris l'attend. Lorsqu'on s'est fait le serviteur de Paris, on lui doit son aide, et tout son zèle, et tous ses services.

Nous défendrons obstinément, pour parler comme le plus Parisien de nos maîtres, « cette belle harmonie qui suffirait pour faire de Paris la ville unique, la plus belle qui fut jamais ». Et si, ce faisant, nous cassons un peu les vitres, c'est, dirait cet autre Parisien qui fut M. Joseph Prudhomme, le seul moyen pour faire entrer de l'air, en certains endroits.

AU DIABLE AU VERT

J'entendais, l'autre jour, un cocher de fiacre, avenue de l'Observatoire, qui répondait à un client : « Pour sûr, que je ne veux pas vous mener au diable au vert. » Ce cocher, certes, ignorait qu'il trônait, vêtu d'écarlate et d'aurore, sur l'endroit même où il refusait d'aller, c'est-à-dire, non pas sur les domaines du « diable au vert », mais sur les anciennes seigneuries du « diable Vauvert ».

C'est le parler parisien, si riche en transformations bizarres, qui a fait un « diable au vert » de l'ancien Vauvert célébré par Coquillart et Rabelais. Pourrait-on penser, à présent, que Vauvert, la vallée verte, *vallis viridis*, comme l'appellent les actes de saint Louis, était une banlieue lointaine il y a quelques siècles ? Au dix-septième siècle même, quand le bon Sauval écrivait ses *Antiquités de Paris*, on prenait bien soin de noter que le « couvent des Chartreux (c'est-à-dire les terrains qui s'étendaient entre la rue d'Enfer, l'Observatoire, le Luxembourg et la rue d'Assas) est si reculé du monde et si enfoncé, qu'encore qu'il soit joint à la ville la plus grande et la plus peuplée de l'Europe, il paraît néanmoins un grand désert et une vaste solitude ».

Le diable a toujours aimé la banlieue parisienne, et surtout les contrées du sud. À peine le bon roi Robert, de pieuse et incorrecte mémoire, eut-il déserté ce château de Vauvert, qu'il s'était construit afin d'échapper aux criailleries de ses sujets, le tintamarre satanique se mit à résonner entre les murailles désertes; les francs mitous et les voleurs des faubourgs savaient à merveille « faire le diable », ils le firent là-dedans, comme un peu plus tard à Bicêtre, et le château royal devint un épouvantail, un repaire, dont les pâtres se détournaient et que les vignerons de Montrouge et de Gentilly voyaient flamboyer à l'horizon, sur la « voie d'Enfer ».

Mais les Chartreux, qui possédaient une maison à Gentilly, près d'Arcueil, avaient guigné ce vieux castel, encore habitable, plus proche de Paris, et pourvu de terrains enviables; il ne leur fut point difficile de persuader au roi Louis qu'ils exorciseraient le Diable. Ils l'exorcisèrent si bien, que du treizième au dix-huitième siècle, leurs biens s'étendirent, des quelques arpents primitifs, à plus de vingt hectares, sans compter des possessions annexes, comme Villeneuve-le-Roi, comme Saulx-les-

Chartreux, auprès de Longjumeau, qui montre encore une église élégante et svelte.

Les Bons Pères étaient bien là, tout près de l'Université, eux qui ne tenaient point d'école, mais avaient pour règle de multiplier les copies des bons livres ; chacun d'entre eux, en s'installant dans sa cellule, recevait-il pas un encrier, des plumes et tout l'attirail nécessaire pour un copiste ?

Ils avaient une belle église au « vaisseau fort résonnant et musical ». Ils avaient un cloître où Eustache Le Sueur, réfugié chez eux après un duel trop heureux, avait peint la vie de saint Bruno. Nous n'oserions rien dire de ces œuvres tant admirées par MM. Vitet et Cousin, d'universitaire mémoire ; chacun peut les trouver au Louvre, dans des salles lointaines, et chacun peut vérifier si le rude J.-K. Huysmans, savoureux et sans gêne, a dit juste lorsqu'il s'écriait : « Cette série de vingt-deux pannes qu'est la vie de saint Bruno... Il y en a partout, et comme c'est peint ! Il sied de voir *le Songe de saint Bruno* afin de se rendre compte de la manière dont ce vitrier-là maniait les bleus ! » Et l'on nous reproche, parfois, d'être sévères !

Les Chartreux de Vauvert donnaient, à l'occasion, de beaux dîners. C'est à leur table, et devant un de ces grands repas, que le duc de Saint-Simon, dans l'hiver de 1719, s'attablait avec Puysieux, ancien ambassadeur en Suisse ; ce bon vieillard avait si bien pris l'habitude de boire sec et de manger dru, pendant son ambassade, qu'il fit honneur aux vins, aux mets de la Chartreuse, et trépassa sous peu de jours d'une apoplexie bien gagnée.

Avec les œuvres de l'esprit, et la pénitence, c'était surtout l'agriculture qui occupait les Chartreux. Et c'est par leur Pépinière, fameuse dans le monde entier, que la renommée de leur cloître s'est perpétuée le plus longtemps au pays latin. Lorsque la Révolution eut détruit les édifices élevés par Eudes de Montreuil pour saint Louis, dépouillé la bibliothèque, vidé le couvent de fond en comble, la Convention concéda ce qui restait des bâtiments à un fabricant de poudres et salpêtres; et l'on se mit à fondre des canons dans les vieux jardins. Mais bientôt le gouvernement s'établit dans le Luxembourg, et les jardins furent sauvés, nettoyés, clos, ornés à nouveau.

Nous avons pu connaître encore, dans notre plus lointaine enfance, cette Pépinière des Chartreux, si sottement détruite par le funeste Haussmann, et par surprise, et contre la volonté même de Napoléon III. Ce qui montre qu'en tous les temps M. le Préfet de la Seine!...

C'était, cette Pépinière, un de ces jardins merveilleux qui semblent contenir un monde enchanté, tant ils sont bizarres avec leurs bosquets imprévus, leurs singuliers labyrinthes, leurs bocages touffus et leurs clairières dorées; il y avait, le long d'un mur, une collection de ceps qui n'avait point de rivale ; toutes les vignes de la terre étaient là, nouant leurs sarments. Et le plus grand rosier de la Pépinière était si vieux, que ses rameaux entrecroisés et la retombée de ses roses couvraient une pelouse entière. Il y a maintenant, là-dessus, une clairière d'asphalte et les bocages d'un lycée.

Je me souviens qu'un jour d'été, vers le soir, le grand-père qui me conduisait par la main près de la fontaine Médicis s'arrêta devant un vieux maître à cheveux blancs, et salua. Le vieillard, petit, maigre, sec avec une crinière longue où le vent jouait, se tenait bien droit dans une étroite redingote. Il avait des petits yeux clairs, perçants, brûlants dans une face ravinée et sèche ; et mon grand-père le nomma M. Michelet. Comment le gamin de huit ans que j'étais, à demi sauvage et paysan, a-t-il compris, même vaguement, qu'il fallait regarder, et de tous ses yeux, ce M. Michelet ? Comment ai-je pu retenir les paroles qu'il prononçait d'une voix rêche et saccadée — je l'entends encore ! — « Oui, oui, mon cher ami, j'habite toujours rue d'Assas, là-bas, mais je n'ai plus ma Pépinière, ils me l'ont détruite aussi. Pour faire quoi ? Je vous demande ? Quoi ? Quoi ? » Et il saluait, repartait à pas pressés.

Nodier aussi avait aimé « sa Pépinière », pleine d'étudiants, de fleurs, de grisettes. Victor Hugo se plaisait à y saluer les bohèmes, ses épigones. Mais qu'est-ce que tout cela fait aux préfets et aux architectes ? Allez voir ce qu'ils ont construit, et ce qu'ils vont construire encore, car la cité Vavin s'écroule, et l'horizon du Luxembourg, saccagé sur la rue de Tournon, détruit au coin de l'allée qui mène à l'Observatoire, va se trouver gâté dans la partie même où s'élève l'ancienne maison de Michelet.

La Commune, en 71, avait renouvelé, suivant sa méthode particulière, l'heureuse idée de la Convention en ramenant des poudres et salpêtres sur la place, encore assez vague et bossuée, de la Pépinière détruite. Car la fin d'Haussmann avait suivi de peu la fin de la Pépinière; et sur les terrains où s'élèvent maintenant l'avenue et l'École de pharmacie, on avait empilé des poudres dans des casemates. Si bien qu'un brillant matin de mai, tandis que le colonel Lisbonne vociférait et paradait sur le boulevard Saint-Michel, le quartier latin tout entier se convulsa, fut secoué par un tremblement de terre : la Commune faisait sauter la poudrière. Je reçus, pour ma part, une porte d'antichambre sur le dos et quelques carreaux à la figure, et je vis les meubles de la maison se soulever et retomber avec fracas; telles ont été les féeries dont une destinée prophétique se plut à charmer notre enfance.

Il était naturel que la poudrière fît place nette aux infamies accumulées depuis lors par nos édiles et par leurs architectes favoris. C'était l'aurore de ce temps où nous vivons présentement, et la tradition persiste, ininterrompue et tenace. On détruisait, et l'on détruit, et, malgré nos efforts constants l'on détruira de plus en plus tout ce qui restait de beauté, de liberté, de rêverie, dans notre ville saccagée; on jette les couvents par terre, et les cloches de leurs églises seront remplacées, dans la nuit, à l'aurore, par les sirènes et les trompes d'automobiles; on rase les jardins, et, sur leur emplacement bitumé, l'on courra, dans une sordide auréole de crasse et de fumée, sans savoir où l'on va. Le vieux Michelet, prophète comme tous les poètes, avait raison, quand il criait : « Pour faire quoi ? Je vous demande ? Quoi ? Quoi ? » Mais sa voix, comme toutes les voix du génie, a parlé en vain. Les imbéciles sont trop forts !

LE BOIS DE BOULOGNE

Comme toujours à cette époque, et sans doute aussi vainement que les autres années, l'attention publique vient d'être attirée sur le Bois de Boulogne. Le conseiller municipal, dont la promenade relève, s'est plaint que les bureaux entravent, de toute leur inertie, l'effort constant qu'il fait pour améliorer l'état lamentable où se trouve la plus belle promenade parisienne. Voyons un peu ce que l'on fait de ce Bois, qui était naguère, avant les derniers progrès de la fausse démocratie, l'un des trésors de la Cité.

Entrons dans le Bois. Lorsqu'on a franchi la zone de poussière qui prépare aux plaisirs du grand air, on trouve ceci : ceux qui entrent par la Muette voient des pelouses dévastées, au Ranelagh ; les gens qui ont ripaillé, dormi, pouponné sur l'herbe, ont jeté, par négligence ou par gaieté, les fonds de bouteilles cassées et les fonds de verres brisés entre ce qui reste d'herbe et ce qui demeure de graviers ; les enfants qui jouent là-dedans se coupent les mains, les passants se blessent aux pieds, la fête commence. A certains jours, une litière épaisse de papiers gras recouvre le sol pelé de ces pelouses qui furent belles. On amasse en tas ces papiers, et on les brûle ; cela fait des taches noires et un amas de cendres sales. Et cela nous annonce exactement ce que le Bois lui-même, dans tous ses taillis, sur toutes ses pelouses, va nous montrer avec plus d'abondance encore. On n'y saurait marcher sans trébucher sur une boîte à sardines, sur une boîte de thon aux tomates ou de saucisses aux lentilles ; le Poitrinas de Labiche peut faire là des fouilles bien intéressantes. Un sport nouveau des dilettanti qui peuplent cette promenade, c'est d'attacher les vieilles boîtes en fer-blanc aux branches des arbres. Cela goutte sur les passants, et ceux qui sont distraits ou myopes se les font choir sur la tête : c'est très drôle.

La lisière du Bois est formée par les fortifications ; ici, talus et fossés sont un cloaque, à tous égards. La saleté matérielle n'est surpassée dans ces sentiers immondes que par la saleté morale. Un repaire, un égout, voilà ce que sont les chemins entre la porte Maillot et la porte d'Auteuil. Digne entrée d'une promenade où rien n'est respecté, ni la propreté des routes, ni la décence des promeneurs ; à certains moments, dans la route des Poteaux, et même sur la paisible route Saint-Denis ou près du dépôt, à côté du Pré-Catelan, il est désagréable, voire dangereux, de s'asseoir, et même à plusieurs personnes, et même lorsqu'on n'a point l'air timide ou débile ; je ne parle pas d'une dame seule : une femme doit renoncer, sous peine des pires ennuis, à se reposer en ces lieux.

Le long des petites rivières, invention d'ailleurs malheureuse et cocasse, les eaux infectent. Elles croupissent. Et l'administration, elle-même, autorise, pour la fête des Fleurs, une maison de tapisserie à ravager ce qui reste encore des bords ravinés, en y plantant des palissades aussi fragiles qu'inutiles.

Dans cette promenade dévastée, il se commet de temps à autre un crime. Ce qui nous étonne, c'est qu'il s'en commette si peu, étant données la surveillance dérisoire et les indulgences absurdes de la justice envers ceux que l'on envoie devant elle.

« Il y a présentement, dit le conseiller municipal, trente gardes pour neuf cents hectares. » Et, certains dimanches, six cent mille personnes vont au Bois. La plupart de ces gardes, anciens soldats d'élite, intelligents, braves, courtois et modérés, sont excellents à tous égards ; j'en puis témoigner savamment, voilà dix années que j'habite auprès du Bois, et que le Bois est — avec revolver en poche — mon cabinet de travail. J'ai vu, à mesure que les métros mettaient cette promenade à la portée de tous, la saleté, le désordre, le danger même envahir le Bois. A cela, que peuvent les gardes ? Ils sont trop peu. Et bien souvent les fantaisies administratives leur dérangent encore le service, en les immobilisant loin de leur zone, pour une fête ou une réunion quelconque.

De même, les cantonniers sont en nombre infime, si l'on pense à l'étendue de la promenade.

Il était beau, pourtant, le Bois, « il était si beau sous l'Empire », comme dirait notre Forain. Arrangé par la main de Napoléon Ier, puis ravagé par les Alliés en 1815, il était bocager, poudreux, banlieusard sous Louis-Philippe. C'est ainsi que nous le montre une *Physiologie* écrite par E. Gourdon en 1841. Mais lorsque Napoléon III eut fait à Paris le présent d'une promenade parfaite et charmante, il faut voir quel enthousiasme l'accueillit. Labédollière, dans son *Nouveau Paris* illustré par Gustave Doré, et, dans ses rares et pimpantes chroniques, Auguste Villemot, célèbrent avec joie ce don magnifique fait à la cité. Le Pré-Catelan surtout, créé pour quatre cent mille francs sur un ravin et des ronciers, éveille le lyrisme du bon Villemot.

Il est toujours délicieux, le Pré-Catelan, car il est clos et surveillé. C'est un modèle de ce que peut être le reste du Bois, si l'on dépense et si l'on veille.

Un autre exemple, et bien parfait, de ce que l'on peut faire, c'est Bagatelle. Si l'on contraignait les usines de Puteaux à ne point salir l'horizon de leurs fumées contraires aux règlements, Bagatelle serait si beau qu'on pourrait le montrer à tous les étrangers qu'indigne l'état du Bois.

Mais, dira-t-on, comment exiger que le Bois soit aussi propre que ces deux promenades qu'il enclave ? Il faut bien que le peuple s'amuse. Certes, nous ne prétendons point imposer à des foules énormes la discipline exacte qu'il est possible d'exercer sur des espaces restreints. Mais ne pourrait-on pas faire entendre aux promeneurs, à ce peuple intelligent quand il lui plaît et docile quand il le veut, qu'il faut respecter la propreté de la promenade et l'intégrité des massifs ou des arbres, tout justement parce que c'est le bien de tous ? « Ils sont à moi autant qu'à vous », répondait un jour, à l'un de nos collaborateurs qui lui reprochait de briser les rameaux des taillis, un ouvrier malavisé. C'est précisément parce que ces choses sont à tout le monde que tout le monde a intérêt à les respecter, à les faire respecter. En Suisse, pays de démocratie vraie, où chacun se sait et se sent responsable depuis longtemps envers le bien commun, en Suisse, les promenades publiques sont placées « sous la sauvegarde des citoyens », et chacun, je l'ai vu souvent, peut les défendre contre les entreprises des imbéciles ou des malandrins.

Il faudrait augmenter de nombre, et beaucoup, les gardes du Bois, créer un commissariat spécial au Bois de Boulogne, avec pouvoirs particuliers et peines spéciales contre les délinquants ; il faudrait encore, pour décourager les misérables de tout sexe et de toute classe qui infestent le Bois, le faire parcourir par un plus grand nombre de gardes cyclistes, armés et autorisés à user de leurs armes : il faudrait aussi multiplier partout, et particulièrement dans les endroits et aux heures pires, que tout le personnel connaît bien, les agents des mœurs en civil, nombreux et fréquemment changés, afin que ces dames et ces messieurs ne soient jamais sûrs qu'on ne va pas les empoigner. Il convient que le Parquet se montre sévère pour tout le gibier qu'on lui amène. Il me semble qu'une maison spéciale de travail forcé, dans laquelle ces créatures exécuteraient les ouvrages dangereux et malsains, qui tuent ou abîment des ouvriers honnêtes, serait une institution louable pour en expurger les promenades et le reste de la ville.

« Mais, nous dit le conseiller municipal, les bureaux se moquent complètement de nos récriminations. » Pourquoi ne leur répondrait-on pas en destituant, ou en diminuant les traitements ? On supprimerait des bureaucrates et l'on créerait des gardiens. Et puis, rien que des contraventions élevées pour tout excès de vitesse, appliquées aux automobiles qui sillonnent le Bois, enrichiraient fortement le budget spécial. Un Allemand avec lequel je causais un jour s'indignait de voir les voitures aller ce train : « A Berlin, me disait-il, on leur retirerait dès la seconde fois, et pour jamais, leur permis de conduire. » Qu'on les rançonne, tout au moins. Il y a encore l'impôt sur les pianos d'amateurs, et l'impôt sur les chiens, au delà d'un certain nombre, qui pourraient être créés et surélevés, et qui enrichiraient la Ville sans nuire à personne — au contraire ! Et alors, que de gardes, de cantonniers, on pourrait créer avec le rendement de ces justes taxes ! Peut-on espérer le triomphe du bon sens, celui du bon ordre ? qui sait ?

L'ENLÈVEMENT DE LA « JOCONDE »

Eh bien ! l'avions-nous assez dit et redit, depuis quatre années, qu'avec l'administration de nos musées telle qu'elle est, directeurs qui ne dirigent rien, conservateurs qui ne conservent point, gardiens mécontents et trop peu nombreux, un abominable scandale se produirait quelque jour ? Mais nous ne l'imaginions, tout de même, ni aussi prochain, ni aussi grand. On voudrait croire, mais on n'ose guère espérer, que l'énormité de ce fait sans précédent fera sur l'indignation publique assez d'effet pour que le gouvernement soit forcé d'intervenir enfin. Un journal officieux nous annonce « des sanctions extrêmement rigoureuses contre les fonctionnaires qui auraient manqué à leurs devoirs ». Mais c'est bien simple ; avec l'état de choses actuel, dans la pétaudière sans nom qu'est l'administration des musées, ces messieurs peuvent se renvoyer l'un à l'autre les responsabilités ; et, de devoirs, ils n'en ont point d'autres que de toucher leurs appointements pour négliger nos collections nationales.

Il fut un temps où les musées, aux mains d'hommes qui s'appelaient Reiset ou Both de Tauzia, Dusommerard ou Clément de Ris, étaient menés et surveillés par des connaisseurs passionnés, par des gentilshommes de l'art dévots à leurs fonctions et soucieux de leur tâche ; lisez les charmants souvenirs d'un Philippe de Chennevières, et vous saurez ce que c'était, à ces époques abolies, qu'un directeur des beaux-arts et que des conservateurs au Louvre.

Est-ce le régime nouveau, avec son personnel médiocre, est-ce la contagion de la fausse science à l'allemande, est-ce les métèques rhénans, introduits partout en sourdine, qu'il faut accuser de l'absurde décadence où nous pataugeons et dont un nouvel effet vient de se produire avec fracas ? N'est-ce pas simplement la manière générale dont se recrute le haut personnel des musées, et cette direction confiée au plus morne des érudits, qui nous ensommeillait déjà, voici trente ans, dans la lugubre École normale ? N'est-ce pas les demi-marchands ou les fils de marchands qui se glissèrent sous l'égide de puissants collectionneurs défunts et vivants ? N'est-ce pas la funeste École du Louvre, ces cours de vains pédants formés uniquement pour que de nouvelles recrues, patiemment élevées par les maîtres du lieu, les remplacent ou les aident servilement ? Si bien que nous sommes arrivés à voir ces messieurs placer dans leur propre administration (par *propre*, j'entends *personnelle, particulière*,) leurs gendres ou leurs fils ?

Mais quoi ? Les revues d'art entre leurs mains, l'argent des achats dans leurs mains, le bataillon des photographes et des copistes sous leur main, que craignaient-ils ? Cependant on vole un tableau d'un prix incalculable. C'est un malheur pour le pays. Il est à souhaiter que ce malheur nous instruise, et fasse qu'on frappe où il faut.

Il est très simple d'accuser le petit personnel. Mais si demain il est prouvé que la *Joconde* fut ravie par un Raffles ou un Arsène Lupin, juste conséquence de certaine littérature populaire, si l'on découvre que la *Joconde* est dans les mains d'un adorateur, d'un de ceux contre lesquels on lui mettait des plantons, hier encore, quelle réparation ferez-vous à ces gardiens si promptement, et sans doute si injustement soupçonnés ?

Et même si quelque subalterne avait, par esprit de sabotage et de rancune, célé le tableau ou aidé à l'emporter, comment vous, gouvernement, qui fermez les yeux sur tout, sabotages compris, auriez-vous le droit de vous plaindre ? Mais prenez donc un grand parti, devant une telle et si grave catastrophe ! Donnez au petit personnel, aux gardiens que vous choisirez alors dans l'élite des anciens soldats, cette somme de traitements si ridiculement gaspillée à entretenir des conservateurs inutiles ; la société d'amateurs qui s'occupe du Louvre suffit parfaitement pour choisir les œuvres qu'il faut acheter, et les sottises des conservateurs, dans les ventes publiques, ne se comptent plus ; un ou deux bons chefs de bureau, pris aux Beaux-Arts, feront la paperasserie, et votre musée sera bien surveillé sans ce vain état-major de fonctionnaires inutiles.

Et puis, enfin, profitez de cette histoire-ci pour faire cesser l'introduction au Louvre de gens qui créent tant de désordre : des photographes, autorisés par un ministre inconscient, comme si la photographie avait le moindre rapport avec l'art; des copistes, qui encombrent les salles avec leurs échafaudages, risquent de crever les tableaux et s'oublient, je l'ai vu, jusqu'à essayer leurs tons de palette sur les toiles qu'ils reproduisent. Formez un musée de copies approuvées par l'État; il suffirait ensuite de donner l'autorisation aux copistes de venir confronter leurs productions avec l'original, sous le contrôle d'un gardien. Surtout, je le répéterai jusqu'à la dernière goutte de mon encre, faites payer l'entrée aux musées. Vous pourrez ainsi renforcer votre personnel, le payer comme il devrait l'être, lui éviter la tentation, accroître son zèle; vous chasserez du Louvre les gueux qui l'infestent l'hiver, vous raréfierez ces hordes d'étrangers qu'on voit détaler sans aucune gêne par les galeries. Comme l'Italie, où tout paye, où l'on met sept fois la main à la poche pour visiter le seul Vatican, vous constituerez un fonds d'entretien et d'achat qui vous évitera peut-être de voir s'aggraver encore une situation lamentable, déshonorante pour la

France, qui passait pour la première des nations où les arts étaient respectés, qui possède encore l'incomparable patrimoine légué par l'ancien régime et accru par le dévouement et la science de nos pères.

Pour le moment, de faux maçons (je supplie qu'on ne lise pas : des francs-maçons !) se sont promenés dans le Louvre. Au cours de cette promenade, et pour montrer que l'instruction du peuple porte tous ses fruits, ils ont jeté leurs yeux, façonnés à la beauté par l'éducation primaire, sur l'un de nos chefs-d'œuvre. Amoureux de Mona Lisa, ou simples escrocs de grand cru, les gaillards, que l'on a cru voir sur le quai de Javel, après leur exploit, ont pu décrocher, décadrer, cacher, emporter le panneau de bois, qui mesure 77 centimètres sur 53. « Elle est à la photographie », c'est la réponse que reçoivent les naïfs qui s'inquiètent, dans les intimes va-et-vient du lundi, de ne plus voir la *Joconde* à sa place. « Elle est à la photographie ! » C'est le lendemain seulement que l'on s'émeut, et messieurs les fonctionnaires en vacances refont leur valise et s'en viennent des Vosges ou de Carcassonne pour nous dire : « Il y a des règlements formels qui régissent nos musées nationaux et qui sont conçus de façon à empêcher un vol de cette nature. » A l'empêcher ? sans doute après qu'il est commis. Vraiment, quel est ce langage ? et qui veut-on berner ici ? C'est, le même journal officieux, dont j'aime en pareille occurrence à citer les formules, nous le dit encore, c'est « une lamentable anarchie ». Oui, et c'est l'anarchie bourgeoise, la pire de toutes.

A dire ce que je dis là, je sais qu'on se fait appeler « un mécontent ». Mécontent de qui, justes dieux, et de quoi ? Et pourrons-nous assez nous louer, quand les premières neiges viennent nous apporter la pleine expérience, de n'avoir point mis les pieds dans ce tripot désordonné ? Mécontent, dans un autre sens, nous le sommes, avec tous ceux qui aiment l'héritage français, ou simplement qui aiment l'art. Que demain, ce soir, la Mona Lisa, déshonorée et rendue suspecte par l'action de bas gredins, revienne prendre, dans notre musée national, la place qu'elle occupait depuis quatre siècles parmi les collections où nos rois l'avaient placée et conservée, la rancœur de ces mécontents que nous sommes ne cédera point. Une tache indélébile, après tant d'autres taches, le souvenir d'un vol, après celui des dégâts et des vandalismes, restera sur l'administration du Louvre. Ceux qui auront, de leurs bureaux, laissé percer *les Pèlerins d'Emmaüs*, briser et érafler statues et panneaux, et pour comble emporter l'un des grands trésors que comptent les collections françaises, ceux-là demeureront célèbres, malgré leur nullité prudente, et leur nom gardera sa place, une place qui était vide jusqu'ici, dans l'histoire du Louvre. Il faut espérer, tout au moins, que cette place est désormais la seule dont ces messieurs-là seront titulaires.

AU JARDIN DES PLANTES

Même au plus vrai Parisien, né et grandi sous le ciel de Paris, la rentrée dans la ville laisse quelque mélancolie. Lorsque le train qui nous ramène de la campagne franchit l'enceinte délabrée, il semble que toutes les joies des vacances, repos, lumière, silence, paysages familiers ou pittoresques, se ravivent et reparaissent ensemble, comme pour mieux faire éprouver la laideur des faubourgs, le tintamarre du débarcadère, l'étroitesse et la vilenie de l'horizon. Et si l'on quitte, pour rentrer dans la fournaise, non point un de ces hôtels quelconques où la vie devient aussi déplaisante que lourde, mais une demeure cachée au fond de nos terres françaises, animée par l'esprit de France et par les sentiments de France, au milieu de ces beautés calmes que la France sait prodiguer, oh ! alors, les regrets s'élèvent si puissants, si impérieux, qu'il faut les lentes séductions du foyer parisien et de la bataille parisienne pour les atténuer peu à peu.

C'est alors que l'on cherche, d'instinct, ces coins de notre vieux Paris, où l'on trouve quelques vestiges de la paix rustique et quelques débris des grands espaces campagnards. Notre antique Jardin des Plantes reste un de ces endroits toujours privilégiés, dans lesquels on retrouve les souvenirs d'une cité moins encombrée, plus intime, mieux faite pour les poètes et les artistes; sous ces longues allées, nous oublions de répéter la phrase de la Ménippée, qui revient constamment aux lèvres parmi les horreurs du Paris contemporain: « O Paris! tu n'es plus Paris, mais une caverne de bêtes... une citadelle d'Espagnols, Wallons et Napolitains... Ne veux-tu jamais te ressentir de ta dignité, et te souvenir qui tu as été, au prix de ce que tu es? »

Ici, la dignité charmante de nos traditions anciennes survit tout entière; et je sais des gens qui, peut-être, préfèrent voir ce vieil asile assez caduc et délabré, comme il est, plutôt que d'y laisser introduire le soi-disant progrès et les beautés modernes.

Il ne faut rien exagérer, pourtant. Et notre Muséum, qui se démolissait lentement, voit heureusement l'intérêt public se reporter vers lui; les inondations, qui l'ont éprouvé, n'ont pas nui, du moins, à son avenir, puisqu'elles ont montré plus largement de quels maux cet établissement unique et précieux souffrait depuis de longues années.

On commence à réparer, çà et là, et la plus brève promenade à travers la ménagerie suffirait à montrer que l'ère de la négligence forcée et de l'extrême pénurie semble désormais close. Plusieurs parties s'embellissent, quelques parties se reconstruisent. Mais si les galeries nouvelles sont presque partout excellentes, d'une beauté sobre et sévère, si les anciennes galeries reçoivent par places les soins indispensables, combien de pavillons encore, et, le long de la rue Cuvier, quel espace de galeries, restent à refaire! Quant aux logis mêmes des animaux vivants, les pires sont l'habitation sordide et barbare des fauves, et cette immonde cage aux singes qui va disparaître ; mais, tandis que les reptiles sont à peu près bien exposés, il n'y a point d'aquarium (on me permet de négliger les carpes et les poissons rouges, les tritons et les axolotls qui en tiennent lieu, car, sur le quai du Louvre, le moindre marchand en boutique montrerait mieux). Et il suffira, je pense, de dire que la rotonde des herbivores date de 1804, et la fosse aux ours de 1805, pour faire présager l'état où se trouvent telles parties du Muséum.

Le long de la masure où croupissait jadis l'anatomie comparée, le baleinoptère en plâtras, joie de notre enfance, a disparu. Seule demeure la carcasse démantelée, le squelette poudreux du monstre, qui s'abrite sous un vitrage en loques, de l'autre côté. C'est comme l'image du vieux Muséum, paterne et comique, dont les poussières immuables semblent flotter entre les derniers fanons de la « baleine », comme nous l'appelions autrefois.

Les embellissements utiles, les réfections nécessaires iraient plus vite, et l'on ferait un établissement modèle, si l'on se décidait enfin, ici comme ailleurs, comme partout, à faire payer les entrées. On l'a dit avec force : « Ce principe sacro-saint de la gratuité, que seule la France pratique, est la plaie de ses musées, prépare leur décadence, et les expose aux plus invraisemblables aventures. » Et qui dit cela ? Le directeur même du Muséum, M. Edmond Perrier.

Car le Muséum a cette fortune d'avoir toujours de vrais savants pour le diriger ; après Chevreul, après Frémy, — je cite ceux-là seulement que nous avons connus, — l'auteur des *Colonies animales* et de *la Philosophie zoologique avant Darwin*, ces livres de pleine maîtrise, est digne de commander à l'ancien Jardin du Roi. Nous l'écoutions, aux années de jeunesse, quand il commentait les découvertes, alors à leurs premiers essais, qui révélaient la faune des mers profondes ; comme nous étions enivrés par la science ! C'était le temps où les doctrines transformistes semblaient inébranlables. La science a marché, d'autres horizons s'entr'ouvrant nous ont ramenés aux seules vérités éternelles, aux vérités de sentiment. Mais on ne saurait oublier le savant modeste et profond qui déjà, pendant la victoire tumultueuse du darwinisme, savait juger et critiquer, et pénétrait les théories et réservait les conséquences.

* * *

Ce qu'il fut pour nous autres, enfants de Paris, ce qu'il est encore, ce Jardin des Plantes, avec ses fleurs, avec ses bêtes, et ses recoins mille fois parcourus et ses maisonnettes croulantes, comment le dire assez ? Pour le gagner, lorsqu'on descend du Panthéon, l'on traverse les restes d'un quartier riche en mémoire : l'ancienne rue Sainte-Geneviève, qui est devenue rue Rollin, montrait encore, avant le siège, la maison où mourut Pascal ; j'y ai connu deux maîtres, un chimiste et un philosophe, et nous avons joué dans le jardinet des Périer ; un peu plus loin, le verger de Rollin et sa maison des champs, avec un distique latin gravé sur la porte ; rue Lacépède, on montrait encore les trous laissés par l'arrachement des bornes en pierre ; ces bornes, c'étaient les statues de nos rois, la Révolution les avait précipitées à bas du portail de Notre-Dame de Paris, et Viollet-le-Duc les avait replacées, à sa manière, qui était aussi désastreuse au moins que l'autre vandalisme.

Quelle indignation saisit le peuple de Paris, quand les Allemands envoyèrent leurs obus dans le Muséum ! Durant cette nuit du 8 au 9 janvier

1871, on avait dû se réfugier dans les caves, enfants et femmes descendus à tâtons, pêle-mêle ; mais les souffrances personnelles n'étaient rien auprès de l'injure faite au Muséum, du saccage systématique. On n'oubliera jamais la lettre indignée du vieux Chevreul et son appel à la conscience européenne, déjà mourante alors et qui, depuis, a continué sa lamentable agonie.

Le lieu le plus délicieux du Jardin, malgré les parterres de la botanique et les volières des oiseaux, c'est encore le labyrinthe, ce coin du cèdre où Michelet connut le premier éveil d'amour. Vous en souvenez-vous ? Relisez ces paroles brûlantes : « Un vent bas, précurseur de l'orage, rasait les parterres où foisonnaient mille fleurs lourdes de sève et de parfums. Ces odeurs, concentrées comme des essences, nous arrivaient, de moments en moments, en chaudes ondées... Le soleil se couchait, comme nous arrivions au bas du labyrinthe. »

Lui aussi, le maître éternel, il fut un Parisien pur sang. Son labyrinthe est toujours là, semé de tombeaux et de fleurs, on a supprimé seulement le marchand d'objets en coquilles qui étalait en haut. Et l'horizon s'est rétréci, sali, vers le nord ; et le lamentable hôpital de la Pitié, où nous avons suivi Verneuil ou Brouardel, va tomber enfin dans sa crasse funeste. Mais que le labyrinthe, fait sur l'ancienne butte Copeau, subsiste toujours tel qu'il est, sous ses ombrages funéraires, dans son crépuscule élyséen ! C'est là que les petits enfants du Paris latin ont gravi leur toute première montagne, c'est là qu'un adolescent de génie, comme fut Michelet, sentait les premières atteintes de la force qui l'asservit, c'est là que les étudiants ou les normaliens sans vocation venaient, loin des Facultés où régnaient les Boissier, les Lenient et les Martha, lire Taine ou Victor Hugo. De là, tout le Jardin des Plantes se montre, dans la splendeur calme qui convient à un tel asile.

On nous a bien fort rebattu les oreilles avec les mots de régionalisme, de décentralisation, et autres vocables illustres. Il serait temps, peut-être, pour les Parisiens de Paris, pour les Français nés en pleine Ile-de-France, il serait temps de dire que Paris et notre terroir sont une patrie comme une autre, et valent toutes les provinces. Il serait temps de proclamer que le Parisien s'enracine, et sent ses racines avec plus de force que le plus fort des provinciaux. C'est qu'il a, pour origine de sa valeur et pour objet de son culte, la première cité du monde. Et cette cité se compose avant tout de monuments comme le Muséum, de trésors tels que la succession des âges et la noblesse continue des esprits français ont seuls pu les créer, les augmenter, les maintenir. Les parties sacrées de Paris, ce sont toutes ces vieilles choses ; elles nous sont tellement chères que sans elles nous n'aurions plus ni la joie ni le goût de vivre, nous autres enfants de Paris.

LA « DIRECTION » DES BEAUX-ARTS

On oublie très vite à Paris ; et c'est un défaut qui est bien fait pour enhardir dans ses agissements néfastes la secte gouvernementale. Après avoir beaucoup parlé — et jamais trop — de la Joconde, le scandale s'est atténué parmi les incidents de la vie intérieure et de la politique étrangère. Et l'on semble laisser tranquilles, à l'excès, par une indulgence trop semblable à l'indifférence, le ou les coupables.

Pourtant, les Chambres vont rentrer ; la vie parisienne reprend. Et les quatre clous où pendait le chef-d'œuvre volé demeurent seuls au mur du musée ; et l'on a frappé, justement sans doute si la mesure s'était étendue plus haut et plus bas, mais injustement s'il reste la seule victime, ce fonctionnaire de rang supérieur qui semble bien n'avoir péché qu'en seconde ligne, tout au plus, et par mollesse ou impuissance, plutôt que par un manquement formel à des devoirs incertains et par une défaillance précise devant une situation difficile, voire inextricable.

Il conviendrait que le public parisien, le public français, fît moins largement crédit à l'étrange personnage qui régit la direction des Beaux-Arts. Ne vivant jamais, grâce à Dieu, en contact avec ces messieurs les officiels, nous ne connaissons point cet homme au nom fleuri, qui exerçait la verve facile d'un Clémenceau ; mais nous savons, par les journaux officieux, comment il parle et ce qu'il dit. Cela vaut quelques commentaires. Et le promeneur parisien se doit de chatouiller parfois, avec le bout de sa badine, le nez de ces fonctionnaires, afin que les passants regardent, et sachent comment on les gouverne et ce qu'on fait de leur argent.

Donc, nous apprenions il y a quelques jours que M. le sous-secrétaire d'État aux Beaux-Arts, — c'est son titre et vous sentez combien il est plus reluisant que celui de directeur, et convient mieux à l'ampleur du rôle, — « M. le sous-secrétaire d'État aux Beaux-Arts a été entendu par la Commission du budget, sur l'administration des musées nationaux ». Durant cette séance, que les feuilles officieuses se plaisent à nommer cette « audition », durant cette « audition » donc, — de ténor ou de basse, de baryton, je ne sais pas, mais n'importe, — M. le sous-secrétaire d'État « a été amené à s'expliquer sur le vol de la Joconde ». Il est certain que l'on a dû l'y amener, et qu'il n'aurait point traité ce sujet par préférence. Grâces soient rendues au député qui nous valut, en « amenant » le fonctionnaire à parler sur cet accident, des paroles définitives.

M. le sous-secrétaire n'a pas craint de faire sa propre apologie. Les politiciens sont modestes, chacun le sait, mais quand il le faut, ils disent quelque bien d'eux-mêmes, si pénible que soit ce rôle. Averti par des lettres anonymes, M. le sous-secrétaire « s'était ému ». Jusques à quel point, il néglige de le révéler ; mais enfin « il s'est ému », et l'on reconnaîtra que ce n'était point sans raison. Cet homme, ému, donna des ordres, compliqués et minutieux, où la prudence languedocienne se mêlait à la fantaisie de l'artiste ; par exemple un gardien devait veiller toute la nuit, dans le salon carré, « debout sur une chaise ». Ceci, dans le patois de l'Aude, veut probablement dire : « éveillé, et assis sur une chaise ». Autrement, ce serait trop beau ! Pendant tout le jour, un planton devait surveiller la *Joconde*, « prêt à la défendre contre les ravisseurs ». Mieux gardée que Mademoiselle Cocagne, la *Joconde* devenait intangible.

Ces consignes, comme toute consigne au monde, ne furent aucunement observées. Et M. le sous-secrétaire d'État, « convaincu d'avoir *rempli* (sans doute il veut dire *accompli*) tout son devoir », décline toute responsabilité dans l'affaire.

Ceci est assez fort ; et comme il se rencontre, même « au sein » des commissions, quelques personnes de bon sens, des membres que cette « audition » laissait peu convaincus ont demandé : « Mais il doit y avoir des responsabilités en jeu ? Qui donc était chargé de la surveillance ? — Les conservateurs du musée, le gardien chef », répond M. le sous-secrétaire. Et il se rejette sur l'instruction judiciaire pour s'excuser de n'avoir point sévi contre les responsables.

Alors, comment faire comprendre au public les mesures prises contre le directeur du Louvre et contre le directeur seul ? Nous ne sommes guère suspect de sympathie pour le pauvre homme qui conduisait si mollement — si homollement, disait l'autre ! — les affaires de nos musées. Mais la justice est la justice ; de deux choses l'une : ou bien il y avait plusieurs responsables, plusieurs coupables, dont le directeur n'était point assurément le plus coupable et le plus responsable ; et alors, puisque vous n'attendiez point la fin de la fameuse instruction pour frapper le directeur, quelle raison vous faisait épargner conservateurs et gardien chef ? ou bien il convenait d'attendre le terme de ladite instruction, et alors il fallait l'attendre aussi bien pour M. Homolle que pour ses subordonnés, conservateurs ou autres.

Mais M. le sous-secrétaire d'État connaît les réunions publiques ; il sait qu'on se tire des mauvais cas, le plus souvent, par l'esprit, voire par la « blague », si j'ose m'exprimer ainsi. Pressé de questions précises, il a prodigué les trésors de sa verve carcassonnaise : il a reconnu que dans les musées « il y a comme une atmosphère d'indépendance, d'indiscipline même ». Mais ce sage, mais cet artiste accepte cet état de choses : « Il n'y a pas lieu de trop s'en étonner, a-t-il ajouté, c'est l'atmosphère que presque partout engendre l'art. » Pour être dite en style un peu javanais, cette maxime n'en est pas moins lapidaire : il conviendrait de la faire graver sur le fronton de nos musées, sur le portique de l'École des beaux-arts, où justement cette « atmosphère », sans doute irrespirable pour certaines personnes, vient de provoquer une démission, et celle d'un maître qui n'a jamais passé pour frondeur ni pour ennemi des « atmosphères » officielles, tant qu'elles ne devenaient pas microbiennes à l'excès.

Et, pour compléter la délicieuse « audition » donnée par M. le sous-secrétaire, un membre érudit rappela, sans doute afin d'alimenter les revues de fin d'année, la fameuse aventure jadis arrivée aux *Pèlerins d'Emmaüs*. Ce tableau, l'un des grands chefs-d'œuvre qui soient au monde, n'était naturellement ni mieux gardé ni plus respecté que les autres, ou que quoi que ce soit dans nos collections nationales. Et vous savez ce qui se passa : comme un gardien le trouvait sale, il le décrocha, le lava, le lessiva complètement ; rendons-lui grâces de ne l'avoir point ripoliné ni flambé. Puis il le raccrocha, paisiblement. Un conservateur qui passait (ce n'était pas celui de la peinture, sans nul doute) fut « frappé de l'aspect nouveau du Rembrandt ». Il fut « stupéfait » et sa stupéfaction fut telle qu'il s'enhardit jusqu'à interroger le gardien ; celui-ci, triomphant, raconta quels soins il avait pris. Le conservateur, héroïque, le... réprimanda. Le soir même, le gardien reprit le tableau, tira sa chique de sa bouche ou débourra sa vieille pipe, celle qui mettra demain le feu au Louvre : et il passa le Rembrandt, la face sacrée de Notre-Seigneur Jésus-Christ avec le reste, au jus de tabac.

L'histoire, dit-on, « a mis en gaieté » la commission. Et il ne faudrait pas connaître nos législateurs pour en douter.

Il y a pourtant à la Chambre, il y a parmi les députés de Paris des hommes capables de s'indigner à ces histoires, au lieu d'en rire. Et souhaitons que l'un d'eux monte à la tribune, et demande le nécessaire, c'est-à-dire une réforme radicale dans les Beaux-Arts, la suppression de fonctionnaires inutiles, la destitution de fonctionnaires négligents. Qu'a-t-on fait du conservateur capable de se contenter par une semonce clandestine devant un scandale tel que celui des *Pèlerins d'Emmaüs* ? Qu'a-t-on fait du gardien nettoyeur ? L'a-t-on nommé gardien chef ? ou l'a-t-on élu député sur les rivages de Gascogne ? On aimerait à le savoir.

Et l'on aimerait surtout que des intérêts nationaux ne fussent point en de telles mains. M. le sous-secrétaire d'État s'est reconnu désarmé par le fonctionnement même de ce conseil de discipline créé sous sa propre administration. Et nous voyons en effet, de jour en jour, les sanctions retardées, la justice paralysée, émiettée par les séances de cette institution où le grotesque le dispute au détestable. Mais M. le sous-secrétaire déclare : « Je vais maintenant en modifier la composition. »

Si quelque clairvoyance et quelque énergie, si quelque respect de nos collections nationales demeure encore au Parlement français, ce n'est point à M. le sous-secrétaire actuel que les réformes des Beaux-Arts seront confiées. Depuis longtemps, et trop longtemps, les Beaux-Arts ont été livrés aux cadets de Gascogne. Ne parle-t-on pas, encore, à mots couverts, pour la direction du Louvre, d'un d'entre eux, du pire de tous ? Les uns se sont intronisés au Palais-Royal pour mieux faire la fête, les autres afin de se faire plus largement pavoiser le thorax ; tous, afin de se hisser à quelque Institut et de prendre un logement aux frais de l'État. Les conservateurs des musées ne sont pas plus intéressants ; un d'entre eux a cru devoir nous vanter leur abnégation, et proclamer qu'ils résistaient aux « offres brillantes » des marchands, malgré l'exemple du regrettable Molinier. Qu'ils n'y résistent plus, grands dieux ! Qu'une commission d'amateurs désintéressés, clairvoyants, remplace cette équipe d'inutiles prétentieux ; que l'on agence et affirme rigoureusement la garde de nos musées, par une police intérieure bien réglementée et soumise à des sanctions rigoureuses. Nous savons bien que les défauts des conservateurs, l'inutilité ou le danger de leurs fonctions, ne sont point spéciales à notre pays ; et j'ai sous la main bien des histoires analogues, italiennes, bâloises, allemandes, mille anecdotes de tableaux mal achetés ou abimés, ou disparus, à réjouir dix commissions parlementaires. Mais ce n'est pas une raison pour que ce mal universel ne soit point attaqué chez nous dans ses causes, chez ses auteurs responsables, puisque enfin c'est chez nous que le scandale est le plus grand, et que ses effets se révèlent les plus lamentables et les plus dispendieux pour la nation.

BANLIEUE

LE PARC DE SAINT-CLOUD

L'un des bienfaits les plus précieux que l'ancien régime ait légués au Paris d'aujourd'hui, c'est assurément la couronne de beaux domaines qui l'entourent. Pour ne parler en ce moment que de la banlieue sud, combien de châteaux merveilleux et de parcs créés par les fées s'étendaient, lorsque la Révolution vint tout saccager, entre Paris et Versailles ! Bellevue, et Meudon, Marly, et Saint-Cloud, le plus proche de tous, et, par là même, le plus populaire et le plus vivant ! Et, malgré le ravage inepte de l'âge nouveau, parmi les débris des autres domaines, Saint-Cloud, habité par les empereurs et les rois, était demeuré presque intact dans ses parties essentielles, jusqu'à la terrible aventure d'il y a quarante et un ans.

Ce n'était plus sans doute, ni sous l'Empire, ni sous la Royauté, ce lieu de miracles, ce palais enchanté que décrivait le duc de Saint-Simon. Ce lieu de voluptés étranges et de rares délices que se plaisait à embellir le fabuleux *Monsieur*, frère de Louis XIV, avait perdu avec son maître fantastique une grande partie de ses ornements à l'italienne. Ces eaux qui jaillissaient de toutes parts, ces broderies de fleurs, ces arabesques des bosquets, une antique vue de Saint-Cloud, conservée dans un coin du palais, à Versailles, nous les montre encore, mais personne, au dix-neuvième siècle ne les connut. Pourtant, le parc, avec ses bassins, ses cascades, gardait assez d'attraits pour être la résidence favorite des souverains et la promenade préférée du peuple. On sait quel ouragan souffla sur tout cela, pendant l'année funeste où le pauvre empereur Napoléon III montait à cheval, dans Saint-Cloud même, pour rejoindre l'armée française; et puis, il nous fut réservé, vingt ans plus tard, à nous qui avions ramassé les éclats d'obus allemands sur le rond-point du Calvaire et au pied des ruines encore chaudes du palais, il nous fut réservé de voir la veuve de l'empereur Frédéric III chercher à Saint-Cloud, entre les courbettes de certains personnages officieux, le souvenir de nos malheurs.

Pourtant, Saint-Cloud, après la guerre, après les ruines, est resté l'un des joyaux parisiens. En face du bois de Boulogne, ce charmant domaine semble l'avant-garde des banlieues forestières, tant aimées du Parisien et pour lui sans rivales au monde. Saint-Cloud, qui est là pour donner à Paris la senteur des bois et la vue des collines vertes, Saint-

Cloud, qui est le belvédère d'où les Parisiens admirent leur ville quand ils font semblant de la quitter, mais sans jamais en pouvoir détacher les yeux! Quel enfant de Paris n'a connu jadis, dans le délicieux village, un ami, bourgeois ou artiste, et n'y est arrivé le soir, par un crépuscule d'été, pour savourer la jouissance des ombrages voisins et de Paris encore proche? Saint-Cloud, qui touche aux bois de Sèvres, de Marnes, de Ville-d'Avray, possède aussi comme parure l'un des endroits les plus vénérables du monde, puisque c'est dans ce domaine de Villeneuve-l'Étang qu'acheva de travailler et de vivre Louis Pasteur. Après avoir salué tant de fois, à l'École normale, cet homme qui fut la grande lumière et la plus pure gloire de la génération passée, nous l'avons vu s'éteindre sous ces marronniers et ces saules de Villeneuve, qui appartiennent en somme à la commune de Saint-Cloud.

Mais tout cela, vieux souvenirs ou mémoire illustre, fonds de verdure dignes de Fragonard ou reliques des luttes anciennes, dites, est-ce que cela compte devant les progrès de la locomotion automobile? Ce sport, qui serait si utile, si agréable, si tolérable, s'il était bien et dûment réglementé, vous n'ignorez pas qu'il perd toute valeur et tout intérêt s'il ne s'exerce aux dépens des piétons, des promeneurs, du peuple. En ce temps de démocratie, en ce pays des lois ouvrières, ceux-là seuls ont tous les droits du monde qui peuvent écraser, étouffer, gêner les passants. Il ne suffit point que Paris soit, grâce à certains véhicules, une ville où chacun s'attend à se voir haché menu comme saucisse, quand il est dehors, et où l'on souhaiterait presque une surdité bienfaisante lorsque l'on est dans sa maison. Certaines personnes influentes dans un monde spécial, — le monde, hélas! qui nous régente et nous gouverne, — ne sauraient tolérer qu'il reste encore des asiles pour les êtres maudits de Dieu, pour les gens coupables d'aimer autre chose que la poussière et le cri des sirènes folles. Voici donc qu'une main puissante, et bien facile à désigner, me dit-on, met en avant un beau projet : l'on en a déjà dit un mot ici; mais je veux le donner avec tous ses détails : on prétend créer une route circulaire, spécialement destinée aux automobiles, à travers une des parties les plus belles du parc, à Saint-Cloud; comme toutes les sottises, cette chose se prépare sans retard et sans relâche; on a posé les jalons de la voie nouvelle, qui coûterait la somme ronde et coquette de cent mille francs et davantage, en trois annuités.

Ainsi le vieux domaine de Saint-Cloud se délabre à vue d'œil, on ne sait point trouver d'argent pour que les bassins aient de l'eau, pour que les cascades jaillissent, pour que les palissades soient entretenues et relevées; les statues sont tombées de leurs piédestaux, les vases menacent la sécurité du public, tant ils chancellent sur leur base; on n'a pas d'argent pour refaire et conserver, mais on en trouve pour saccager et pour détruire. De sales marchés interviennent : comme à Versailles, où l'on a lâché la bande noire sur les futaies, on jettera les arbres à bas. Et voulez-vous savoir combien on en détruira, de ces arbres parisiens qui valent, en une seule de leurs branches, mieux que tous les « chauffeurs » du monde ? Deux cents, trois cents, on ne sait pas encore tout au juste. Mais on n'en est pas à une centaine d'arbres près !…

N'est-ce donc pas assez qu'à Versailles — cet autre lieu sacré du monde — la plaine Saint-Antoine et les routes qui mènent aux Trianons soient massacrées par les automobiles ? Si bien que d'antiques amoureux de ce séjour en sont réduits, je le sais, à se détourner des paysages qu'on leur profane et des routes où les attendent et le danger et le dégoût ? N'est-ce pas assez qu'à Paris, dans le Bois, le tour des lacs soit devenu impossible pour un piéton, sous peine d'être, suivant la saison qu'il fait, couvert de fange ou saupoudré de poussière ? Cette folie de la vitesse inutile, qui nous enlève nos chères routes de France, et le plaisir de la campagne, et les spectacles des chemins, va-t-elle envahir sans obstacles jusqu'aux derniers parcs de banlieue où l'on pouvait marcher à l'aise ? Et de qui sommes-nous esclaves, pour que chaque jour nous apporte une déception nouvelle et une nouvelle avanie ?

Elle est si belle, la banlieue parisienne, ce joyau sans pareil de la ville souveraine, avec ses parcs et ses forêts, avec sa campagne aux aspects douce ment humains, tempérée, modeste et spirituelle comme le génie du vrai terroir ? Le hasard de ce qu'on se plaît à nommer les « vacances », fait que j'écris ces lignes sur les rives du plus beau lac, en face d'un spectacle qui fait accourir et s'extasier tout l'univers ; eh bien, j'en jure mes grands dieux, le moindre sentier du pays natal, avec ses herbes frissonnantes et ses liserons à senteur de vanille, le plus humble sous-bois de Verrières ou de Chevreuse est plus émouvant pour le cœur d'un artiste parisien que ces montagnes magnifiques et ce large fleuve d'azur et d'or qui emplit mes fenêtres. Qui me rendra cette cabane, là-bas, aux portes de Paris, au-dessus de la vieille plaine ? L'automobile m'a chassé, car la route passait trop près, et l'on a su faire si bien depuis vingt ans que nos routes de France sont des voisines importunes. Du moins, le public, lésé dans ses intérêts matériels et dans son existence même par une féodalité brutale et malpropre, a le droit de se conserver les asiles, très clairsemés, où il respire et se repose, à son aise.

Des Amis de Saint-Cloud, société formée sur le modèle de celle qui agit à Versailles, ont rappelé avec raison le mot d'un bon Français : « Saint-Cloud, Meudon, Ville-d'Avray, ce sont les poumons de Paris. » Ne les laissons point encrasser. Que l'on fasse rentrer dans l'ombre et le néant ce « personnage influent » dont la main agit rue de Valois. Je les connais, ces bureaux administratifs où s'élaborent les méfaits ; j'y ai trimé pendant les néfastes années d'apprentissage, et je n'ignore ni leurs procédés ni leurs méthodes. Il convient de surveiller étroitement le ministère et ses amis ; sans cela, quelque beau matin, les centaines d'arbres seront par terre, les automobiles tourneront parmi les nuages de poussière, sous les futaies saccagées, le haut personnage rira, et les promeneurs, les enfants, le peuple français auront beau crier : un nouvel attentat sera commis, qui rendra plus faciles les autres attentats sans nombre contre la beauté de Paris et de ses environs.

Voici qu'aux dernières nouvelles, et en réponse à la lettre communiquée par les Amis de Saint-Cloud, l'administration des beaux-arts (bâtiments civils et palais nationaux) fait paraître une note où elle affirme qu'il s'agit de rectifier simplement une route déjà créée ; il est vrai que l'administration avoue son dessein de prolonger cette route, et tout justement dans la partie de Villeneuve-l'Étang. Les bureaux promettent en outre qu'on se contentera de niveler, sans porter atteinte à un seul arbre. Ah ! le bon billet que nous donne la bureaucratie ! Nous savons ce que peut faire un architecte de l'État quand on le lâche dans un parc ! Malgré les plus belles promesses, et sous prétexte qu'un arbre gêne çà et là, n'est pas de niveau, rétrécit la route, la chère route, la belle route, les abatis se poursuivront en cachette. Et puis, un beau jour, on verra la route bien nette et le parc bien nu.

Nous avons, pour nous édifier, l'exemple de ce que l'on a pu faire à Versailles, sous le nez et à la barbe des conservateurs patentés pour sauvegarder le parc, et des sociétés organisées pour le défendre. Et ce fut un joli massacre.

Et puis, et puis, cette route prolongée, ce sera toujours les automobiles roulant à travers le parc, détruisant la verdure et chassant les promeneurs. Les bureaux protestent en vain; nous nous opposerons toujours à leurs œuvres, nous donnerons sans relâche des coups de pied dans leurs taupinières. Nous savons comment ils travaillent!

L'AUBERGE DU PETIT-TRIANON
SOUS LE CONSULAT

La paix d'Amiens rouvrit la France aux voyageurs anglais, curieux de voir un pays victorieux et rasséréné. Ils s'y précipitèrent. Parmi les très nombreux récits de voyage que laissèrent ces excursionnistes fervents, les plus curieux sont peut-être, à cause de leur ingénuité un peu brutale, ceux dont les auteurs sont de purs bourgeois, des *cockneys* renforcés.

Dans une bibliothèque d'ami, toute enrichie de trésors concernant Versailles, je trouve deux de ces volumes, l'un qui s'appelle *Esquisse grossière du Paris moderne, ou lettres sur la société, les mœurs, les curiosités publiques, les amusements dans celle capitale*, et il est de 1803; l'autre, de 1802, n'est qu'une plaquette : *Journal d'une partie de plaisir à Paris au mois d'août 1802*; tous deux sont rares. Et l'on peut y découvrir une description inattendue de ce que furent les palais précieux de notre Versailles, après le temps de leur splendeur, au sortir du temps de leur ruine, avant le temps de leur retour à la vie impériale et royale.

Nos Anglais sont d'autant meilleurs à consulter que ce sont des colis humains sans valeur particulière. Ils racontent ce qu'ils ont vu, sans rien imaginer ni rien transformer; même quand ils veulent se guinder au style et aux idées, ils demeurent constamment plats et admirablement sincères.

Le plus copieux des deux patauge, à Paris, tout au beau milieu de la société encore divisée et incohérente. Il voit les musées enrichis par la conquête, il contemple le général Bonaparte passant la revue mensuelle des troupes au Carrousel; en bon sujet d'une monarchie parlementaire, il subit sans broncher les débats du Corps législatif et du Tribunat. Il a même, avec bien d'autres Anglais, une audience du premier consul.

Mais, entre tant de joies diverses, il n'oublie point les environs de Paris et les promenades. Ici, sa vanité prolixe rejoint la brièveté vaniteuse de son compatriote. Et tous deux s'accordent pour nous montrer, dans le Petit-Trianon, lorsqu'ils vont visiter Versailles, l'aspect le plus inattendu : celui d'une auberge, tenue par un traiteur.

Le plus modeste y a dîné; c'est celui de la plaquette. L'autre y a dîné et couché; c'est celui du livre. Et l'on va voir que son idylle a mal fini. Tous deux sont unanimes pour admirer la chambre où leur repas fut servi.

Ce n'est, en effet, rien moins que le boudoir de la reine, la pièce délicieuse qui joignait la chambre à coucher de Marie-Antoinette.

Ici, vraiment, il faut traduire : « La maison du Petit-Trianon est occupée présentement par un *traiteur*..., et nous dînâmes dans une petite chambre, qui était le boudoir de la reine, jouxtant immédiatement sa chambre à coucher. Elle est maintenant tout à fait dépouillée de son splendide ameublement d'autrefois, et n'a plus rien du palais que le nom; en même temps, elle est extrêmement jolie... Nous dînâmes au Petit-Trianon et nous y couchâmes; la chambre qui m'échut en partage était celle que l'infortuné Louis XVI occupait jadis, et la clef de la porte avait une étiquette attachée à son anneau sur laquelle on pouvait encore déchiffrer, bien que les lettres fussent à demi effacées, les mots : « appartements du roy. »

Mais il en coûte cher de coucher dans un lit royal; quand il fallut payer la note, les voyageurs se trouvèrent en face de deux hôtes : l'un qui louait les appartements et donnait la permission de visiter les jardins, l'autre qui « traitait », c'est-à-dire nourrissait les étrangers. On n'eut rien à redire sur le prix des mets et des vins; mais le logeur sentait le prix de ses chambres, et il le fit bien voir.

Pour trois lits de maîtres et quatre de serviteurs, il apporta le compte suivant aux Anglais :

Petit-Trianon. Logement.

	Francs
Trois appartements de maître.	36
Bougie	6
Bois	9
Quatre lits de domestique	12
Total . . .	63

Ces prix, qu'un Yankee d'aujourd'hui trouverait ridiculement faibles, semblaient exorbitants aux Anglais de 1802. L'hôte devait bien s'y attendre, car le compte fut présenté, pour amadouer les clients, par sa propre fille, « une fort jolie personne ». Mais, si charmante qu'elle fût, ses charmes avaient tort en présence d'Anglais prêts à régler leur note. Leur galanterie fut vaincue par la froide raison, et l'on convint de résister au chantage. On offrit la moitié du prix. L'hôtesse, qui avait alors remplacé sa fille vaincue, poussa les hauts cris, refusa, joua l'indignation. Il fallut aller à Versailles, et chercher le juge de paix pour accommoder le différend.

Les deux premiers juges auxquels on fut mené protestèrent que l'affaire n'était point de leur ressort; un troisième enfin, qui logeait dans une maison misérable, et dont la mine convenait parfaitement à son logis, reçut les plaignants, et les fit attendre, tandis que l'on allait chercher la partie adverse.

L'hôtesse apparut, comparut, et produisit des

arguments vraiment dignes de l'antique renom où sa corporation fut toujours tenue en France et par toute l'Europe; elle divisa les arguments de sa défense, sous trois chefs principaux :

D'abord, elle fixa ce point que l'on n'avait rien convenu d'avance, et que donc elle avait le droit de prendre ce qui lui plaisait.

Deuxièmement, elle sut faire valoir qu'elle payait un fort loyer à la « Nation, » et qu'en bonne justice les étrangers devaient aussi lui payer cher.

Enfin, et c'est ici que son génie éclata tout entier, elle ne fut aucunement prise au dépourvu par ce fait que les contestants étaient Anglais; elle aurait pu, n'ayant pas le moyen de leur citer, pour les confondre, le classique « milord », se trouver dans l'embarras; elle n'eut garde! Et les milords furent humiliés par l'exemple de « l'ambassadeur de l'empereur russe »; le juge de paix reprit gravement : « Son Excellence l'ambassadeur de toutes les Russies » ! Ce personnage était venu la semaine passée, et deux louis par lit ne lui avaient point paru dépasser le prix normal.

Le juge fut insensible à l'éclat d'un pareil exemple; il déclara que la loi ne pouvait permettre « d'écorcher les étrangers, » et n'alloua finalement que 36 francs, au lieu des 63 demandés. L'hôtesse empocha tristement la somme et partit furibonde, en déclarant qu'à l'avenir personne au monde ne pourrait coucher au Petit-Trianon sans qu'on eût fait le prix d'avance, par écrit; et ce prix serait celui qui avait eu la haute approbation de Son Excellence l'ambassadeur de toutes les Russies.

Les Anglais s'en allaient contents : ils avaient appris l'existence de la justice de paix, et ils en avaient constaté la gratuité. Ils enviaient pour leur patrie une institution pareille. Ils avaient appris sans dépens, qu'il faut toujours faire son prix dans les hôtels où l'on ne connaît point son monde. Ils avaient, en outre, payé moins de six francs par tête pour coucher dans le lit des rois : ils n'avaient point perdu leur temps.

LA VALLÉE-AUX-LOUPS

La banlieue sud de Paris a gardé ces délicieux recoins champêtres, ces paysages doux et calmes, aux lumières délicates, dans un air transparent, plus fin que celui des régions plus riches, et plus pittoresques, suivant les conventions acceptées ; depuis le temps où l'antique archidiaconé de Hurepoix commençait « à la rivière de Seine, sous le Petit-Pont de Paris, puis de là jusques à Moret, » il semblait que cette contrée d'Ile-de-France eût conservé, par privilège, quelques-uns parmi les aspects les plus précieux de la vieille patrie. Il y avait là dans ce cœur de France, les routes médiocres et délaissées, il y avait les vallons sans rivières navigables, il y avait les steppes sans chemin de fer, ou avec des chemins de fer préhistoriques et dérisoires, il y avait tout ce qui garde un pays et sauve les villages de l'invasion et du progrès.

Cette couronne de vallées charmantes, de plateaux, baignés par une clarté sans rivale, commençait derrière Bagneux. On a fait au joli pays un vestibule singulier, avec un cimetière. Encore n'est-ce point le pire. Les morts, enclos dans quatre murs, sont moins nuisibles que les vivants, avec leurs bâtisses et leurs entreprises. Depuis qu'une traction nouvelle qui sera démodée demain, et depuis qu'un chemin de fer plus sérieux ont rouvert les routes et sabré les sillons des coteaux, le faubourg parisien s'étend comme une tache d'huile, jusqu'à Verrières, qu'on lotit, jusqu'à Châtenay, qu'on dépèce. Et cette même bande noire d'architectes désordonnés qui nous concasse et qui nous troue Paris, va s'ébaudir là-bas, détruisant les étangs que peignait autrefois Henner, jetant bas les haies de cyprès qui nous rappelaient la Toscane, et une Toscane idéale, peuplée de vieux ruraux français.

Voici maintenant que l'on parle de massacrer le Val-d'Aulnay. La Vallée-aux-Loups doit partager avec les environs d'Étampes, avec les parcs et les forêts qui étaient les fleurons divins du cadre parisien, l'honneur et l'avantage d'héberger les gens à villas démontables et à chalets économiques.

Chère autrefois aux libraires et aux imprimeurs jurés de la vieille Université, hantée par messieurs les chanoines de Notre-Dame, ses seigneurs, précieuse à Colbert, agréable à Louvois même, cette âpre petite vallée s'était défendue bien longtemps. Son nom faisait songer aux contes de Perrault; et, du reste, la famille Perrault a ses racines tout auprès. Pour y aller, de Fontenay-aux-Roses, on traversait des champs qui se nommaient « Champ-des-Oiseaux », on passait le ruisseau de « Fortune », on côtoyait la « Maison-du-Cierge ».

Robinson lui-même, l'abominable Robinson, ne parvenait pas à souiller, à envahir ce val tranquille, le Val-du-Loup, comme l'appelle avec délices le premier de ses habitants illustres, François-René de Chateaubriand, lequel y fut propriétaire de 1811 à 1817. C'est là qu'il commençait, le 4 octobre 1811, jour où l'on fête son patron, saint François d'Assise, son plus grand livre, les *Mémoires d'outre-tombe*. « Si je puis parvenir, écrivait-il, à garder mon champ et mes livres, je serai la plus heureuse personne de la terre. » Mais un tel bonheur n'est point fait pour qui porte le nom du petit pauvre de l'Ombrie, et le champ fut mis en vente le 12 avril 1817, et les livres furent vendus à la fin de ce même mois, « à la salle Sylvestre, par le ministère de M⁰ Merlin ».

Ce champ, cette maison de jardinier, cet ermitage de poète subsista cependant. Gagné, ou plutôt acheté, par Mathieu de Montmorency, bientôt il entra dans les biens des La Rochefoucauld. La Restauration y voyait s'abriter l'illustre Sosthène, ce surintendant des beaux-arts qui connut de saintes pudeurs ; c'est peut-être là qu'il rêva ces transformations du costume qui étoffaient jusqu'à l'excès les danseuses de l'Opéra, et, dans les musées, excitaient l'indignation généreuse de Madame, cette duchesse d'Angoulême qui méritait, ce jour-là, l'éloge décerné par l'empereur Napoléon : « C'est le seul homme de la famille. »

Dans un fond de sable éboulé, de taillis, de vieux châtaigniers qui avaient vu passer saint Louis, Chateaubriand avait créé l'un des plus anciens jardins anglais. Il avait élevé, parmi ses arbres exotiques, un assez étrange manoir, mêlé, comme le génie même du propriétaire, d'antique et de moyen âge, et que couronnent des créneaux, et qu'embellissent des colonnes et des cariatides. Là, dans une tour isolée au milieu des châtaigneraies, et pareille à un réservoir, le père magnifique du romantisme composa *les Martyrs*, *les Abencérages*, *l'Itinéraire de Paris à Jérusalem*, et *Moïse* : et surtout, il y entreprit ces *Mémoires* qui sont sans doute, avec les *Études historiques*, le plus franc joyau de son œuvre étincelante et singulière.

Quinze ou seize ans plus tard, un moindre seigneur s'abritait sous les taillis de châtaigniers que Joubert avait déclarés périgourdins ou même bretons. C'était cet Henri de Latouche qui a laissé un livre, rare et médiocre, *la Vallée-aux-Loups, souvenirs et fantaisies*. Il y a là-dedans, par malheur, peu de souvenirs et beaucoup trop de fantaisies, surtout en vers : cela commence par *Inès*, par *Phantasus*, cela continue par des Egbert, des Sigmar, des Trivulce et cela finit sur Selima et sur le dernier jour de Salvator Rosa.

Un peu plus haut, sur la terrasse du Moulin-Fidèle, qui domine Aulnay, Sainte-Beuve errait, promenant les rêveries de Joseph Delorme et la silhouette falote d'un Birotteau bucolique. Songeait-il déjà, quand ses yeux rencontraient le castel jadis habité par Chateaubriand, au livre qu'il décocherait pour émietter la haute gloire de René, qui ne s'en porte pas plus mal ?

Malgré le restaurant qui s'est juché contre l'ancien ermitage de Latouche, en face du parc dessiné par René, nous avons connu durant plusieurs années, dans la maison un peu moisie de l'anachorète romantique, le cher et grand Sully-Prudhomme. Avant de mourir au soleil, sur le petit chemin des Princes, à Chatenay, le poète aimait à venir, les mois d'été, cacher sa vie et sa pensée sous les ombrages d'Aulnay. Le chemin creux, où les fougères poussent comme au fond du Berry, le voyait passer chaque jour, et ceux qu'il aimait le trouvaient dans une espèce de cellule, au rez-de-chaussée, entre le jardinet et les pépinières. Le charme austère de ce sage, les conseils rares et profonds qu'il savait donner de sa voix pénétrante, qui donc, s'il a pu le connaître, aurait jamais le malheur de les oublier ?

Et puis, autour de ces gloires et de ces mémoires, Aulnay possède un paysage qui n'a point de pareil, malgré son étendue restreinte ; cette ravine de feuillage et de sable, même les Vaux-de-Cernay, même les cantons les plus sauvages de Marly ne la rendraient point, si l'on nous la détruit. Sans doute, la maison, le parc de Chateaubriand ne sont point menacés, quoi que l'on ait dit, et M. le duc de La Rochefoucauld-Doudeauville a très noblement protesté que la terre lui appartient et qu'il ne sait rien et ne veut rien savoir d'une vente possible. Mais si le joli parc anglais, et ses bouquets de fleurs, et ses verdures précieuses, si le manoir du romantisme, avec ses machicoulis de théâtre, sont sauvés, grâce au gentilhomme qui les possède heureusement, on peut toujours saccager le cadre où ce trésor de beauté simple se déroba longtemps. Ce val d'Aulnay, jamais je ne l'ai vu plus beau, plus féerique dans sa retraite, qu'au printemps d'après la guerre, oui, qu'au printemps de la Commune. On aurait dit que les pervenches, sous les gros châtaigniers, avaient pullulé doublement, violettes, blanches, et bleues, tandis que l'on se massacrait encore à une lieue de là. Quand, du plateau de Malabry, nous dévalions par les sentiers jonchés de fleurettes, il nous semblait entrer dans la légende dorée, et que sainte Geneviève allait apparaître sous ce ciel incomparable, tandis que la lutte civile agonisait encore derrière l'horizon prochain.

Mais les plus grands périls pour un paysage français, ce n'est point encore la guerre ni la révolte; on use maintenant les routes de cette banlieue pour les essais d'automobiles. On plante, depuis des années, les poteaux indicateurs et les bornes des petits terrains à villas ou à cabarets. Demain, on parle de choisir le plateau de Malabry pour un nouvel aérodrome ; alors, que deviendront les bois et les beaux jardins ? Faudra-t-il les clore à la mode des poulaillers et des volières, avec un toit en fil de fer ? Car enfin, si nous recevons des dirigeables inconstants, ou d'incertains aéroplanes, sur la tête, quand nous serons en plein air, est-ce bien la peine de conserver nos promenades et nos campagnes ? Peut-être, en ces matières-là, faudrait-il aussi songer à quelque R. P. Car tout le monde n'a pas les mêmes passions, et, si méprisable que soit la minorité dont nous sommes, et les infirmes qui blasphèment certains sports, ils auraient sans doute, ces attardés, ces malheureux, le droit de conserver encore un coin de terre où ils seraient sûrs de n'être ni écrasés ni assommés quand il leur plaît de courir les champs !

GENS DE FRANCE

ÉMILE GEBHART

D'autres pourront parler de lui plus officiellement. Personne ne l'aura mieux aimé que moi, ni, je l'espère, mieux compris. Il fut mon ami, mon maître : non point le « professeur » que l'on subit, mais le guide que l'on suit en toute liberté. Depuis vingt ans, son grand amour de l'Italie ancienne lui avait fait m'ouvrir au large la plus précieuse sympathie, d'autant plus précieuse qu'elle était rare, et d'une qualité raffinée.

Quoi qu'on en ait dit, Gebhart ne fut jamais normalien. Ce Lorrain de pur sang et de pure tradition fut, dès ses premiers pas, l'ami des voies originales, où l'on marche seul. Il alla chercher, en Attique, la première image de l'art sobre et précis qu'il adorait. Il parla d'abord de Praxitèle, du génie grec. Mais il avait traversé l'Italie : c'est là qu'il revint, pour jamais.

A part un essai sur Rabelais, la Renaissance et la Réforme, toute son œuvre est consacrée à l'Italie. Pour comprendre Rabelais, il avait cette verdeur gauloise et cette allégresse d'esprit qui rendaient ses « propos de table » si attrayants, si copieux. Telles histoires racontées par Gebhart devant un flacon de bourgogne, valaient les lippées de Panurge chez Pantagruel. Ce vrai Français, ce vrai Gaulois, qui aima si fort sa patrie et qui le lui prouva si bien, fils d'une race militaire et joyeuse, avait la vaillance et le parler dru des ancêtres. Et ceci lui fit aimer mieux encore les vieux conteurs italiens, savoureux et sans gêne.

Mais la grande œuvre de Gebhart, c'est le fond même de son esprit qui l'a donnée; elle est exquise, d'une inspiration très pure, d'un mysticisme tempéré. On nous a dit qu'il était mort en se recommandant à la sainte Vierge. Ce grand ami de Dante a murmuré peut-être les terzines du *Paradis* :

> O Vierge mère, ô fille de ton fils,
> Humble et haute au-dessus de toute créature !

Toutes les plus divines fleurs de l'Italie mystique, la dévotion à Notre-Dame, le génie du petit pauvre d'Assise, embaumaient les pages charmantes où s'épandaient avec délices la grâce et l'amour de ce grand lettré. Il se promenait sans relâche dans ce qu'il a si bien nommé « l'église des anciens temps », « l'église lumineuse et claire ». La lumière et la clarté, clarté de France et lumière de Toscane, illuminent ces livres, qu'il publia pour notre joie intellectuelle, sobrement, rarement, et qu'on attendait, entre initiés, comme des trésors.

Un jour, une illustre revue, en publiant un roman historique, *Autour d'une tiare*, apprit au grand public la valeur singulière de l'écrivain depuis longtemps aimé par des lecteurs fidèles et choisis. Cette venue si brusque au grand jour de la renommée plut à Gebhart ; il accueillit le succès matériel avec la souriante bonhomie qu'il ornait parfois de scepticisme. Il aimait le travail des lettres, et il sentait que le travail se ferait plus facile avec ce bruit d'applaudissements unanimes. Seulement, il ne songea point à monnayer, comme tant d'autres, la vogue de son joli conte. Voici seulement qu'un éditeur artiste en donnait hier, après quatorze ans, une réimpression parfaite ; ce fut une de ses dernières joies.

C'est à peine si j'ai le droit, ici, de louer le savant par quelques mots, et je ne puis pas même dire ce qui se cachait de labeur tranquille et de forte doctrine sous ces pages nettes, peu hérissées de notes, distribuées à la française. Quant au journaliste, l'éclat naturel, le verbe acéré, chatoyant, la svelte ironie, l'accent personnel et puissant, étaient d'un maître.

L'homme était, sous une apparence massive et agreste, profond et limpide, tel que l'annonçait, sous l'épais sourcil, l'œil d'un bleu magnifique. Jamais caractère plus noble ne revêtit dehors plus simples. Sans ombre d'affectation, ce paisible bourgeois de la rive gauche, lorsqu'un ami se trouvait en péril, un malheureux en détresse ou un innocent dans la peine, se révélait comme un héros de l'amitié, de la pitié, de la justice. La voix sourde devenait d'airain pour protester et pour convaincre. Avec une modération d'homme juste, il lançait les mots qui dépassent les plus fougueux. Armé, s'il l'eût voulu, s'il l'eût daigné, d'une ironie corrosive, à brûler n'importe quel adversaire, il domptait la force excessive de sa riposte; il restait bon, brave et galant homme, jusqu'en ses indignations les plus vraies. Et Dieu sait si les raisons de s'indigner manquaient à un homme qui connut le haut enseignement de ces vingt dernières années, et qui le connut à Paris !

Pour ses amis intimes, rien ni personne ne saura le remplacer. Son cœur fut d'or et de cristal. L'étreinte de sa brave main, l'éloge modéré de sa bouche véridique, tous ceux qui s'en sont rendus dignes savent bien que jamais ils ne retrouveront pareil viatique et si fidèle réconfort.

Il aimait trop la vie pour ne point souffrir; mais il dissimulait toujours ses sentiments intimes sous les apparences mondaines. Une seule fois, je le vis chanceler, avouer sa peine : c'est quand mourut son plus jeune frère, qu'il avait élevé, fait son benjamin. « C'était mon bâton de vieillesse, me disait-il d'une voix morte. Je ne l'ai plus. Il me semble que j'ai vieilli de dix années avec sa mort. » Le sourire était revenu, mais point le même. Gebhart était atteint au plus profond de l'être. Il continuait d'accomplir exactement les devoirs de ses charges officielles. Il se plaisait à évoquer les belles images de l'art ; il écrivait sur Florence un petit livre plein de douce et fervente admiration ; une amitié précieuse, efficace, lui confiait ce Botticelli dont il fit un chef-d'œuvre ; ce Michel-Ange, qui devait le ramener sous les voûtes formidables de la Sixtine : « J'irai, me disait-il cet hiver, j'irai au printemps le revoir, revoir le *Jugement dernier*. Je verrai la Sixtine, à Pâques. » A Pâques ? hélas ! La voix de ce frère, qui le rappelait sans trêve à lui, fut plus puissante que l'espoir du soleil romain. Il maigrissait, il se courbait vers la terre. Il est maintenant dans le repos, avec le nom de Notre-Dame sur les lèvres. Que les images radieuses dont il sut embellir sa vie lui aient fait jusqu'au dernier jour fidèle cortège, on le sait ; il mourut dans la paix, la plume à la main, entre les rayons de ses livres et le jardin du couvent où il reposait ses regards, par-dessus la rue déserte.

NANCY, PORTE DE FRANCE

Il serait oiseux de revenir sur l'équipée de ceux qui furent bien baptisés : « les maladroits ! »

Mais un sort malheureux a voulu que ce mot se fût glissé dans une lettre excellente, d'ailleurs, par l'intention et les termes : « Nancy, une cité germanique ».

Cette belle sentence fut prononcée, nous dit-on, par « un interlocuteur allemand ». Mais une telle insanité doit au moins donner l'occasion de redire, en face de tous les « interlocuteurs » du monde ce qu'est Nancy, dans notre France, pour nos frontières, pour notre art, pour les souvenirs du pays, pour le renom de la patrie. Cela peut se dire en trois mots.

Il suffirait d'ailleurs, afin d'en prendre une idée juste, de relire le parfait ouvrage de M. André Hallays sur la cité lorraine. Mais qui donc, aimant et sachant sa patrie, irait méconnaître notre sentinelle avancée, la ville où s'entraîne la meilleure partie de l'armée ? Nous autres, nés avant la guerre et chassés de Metz, notre sol héréditaire, par l'exil brutal, nous avons vu Nancy s'ouvrir jadis aux Messins dispersés, Nancy refaire leur foyer à ceux qui avaient opté pour la France ; la plupart de ceux-là dorment à présent dans le cimetière de Préville, parce qu'ils n'ont jamais voulu, même un instant, être Germains.

Sur les places de Nancy, les statues se dressent ; il y a celle de René II, fils de Yolande d'Anjou ; elle fut dressée là, jadis, par un sculpteur lorrain, mort à vingt ans, en plein génie. Et c'est aussi l'image d'Antoine Drouot, qui vainquit à Lutzen, à Bautzen et à Hanau ; noms, ceux-là, vraiment germaniques. Les artistes glorifiés par la cité qui fut leur mère, c'est Jacques Callot, et c'est Claude Gellée, la vérité même et la lumière ; le sculpteur qui a laissé le plus de gloire à Nancy, c'est le Meusien Ligier Richier, qui sut triompher même du goût italien, écraser sous son réalisme celtique les influences étrangères.

Et, plus tard, qu'un prince prétende faire imiter à Nancy les œuvres d'outre-monts, le sol est si fort, l'influence originelle est si puissante, que l'emphatique chapelle des Médicis devient, ici, ce joyau purement français : la chapelle Ronde.

Au Nancy du dix-huitième siècle, j'avoue humblement préférer encore les restes du Nancy gothique. La cité dont le nom primitif lui-même est, dit-on, celtique — *Nant*, marais, — garde des joyaux qui valent les trésors laissés par les siècles à Dijon, à Lyon, à Bourges. Sans parler des portes illustres, comme celle qui fait fronton au désordre admirable, au superbe fouillis du Musée lorrain, l'architecture civile, devant des hôtels, dans des cours, s'épanouit en merveilles d'art. Et d'un art purement français, riche et sobre tout à la fois.

Il faut bien dire que ce sont là trésors disséminés. L'ensemble, le grand ensemble de Nancy, c'est le dix-huitième siècle qui l'a créé. Par miracle, il subsiste encore. Et montrant ses places publiques, encadrées de jolis profils, fleuronnées de ferronnerie, Nancy conserve le modèle d'un siècle que l'on aima trop. C'est un musée sans pareil. Pour écarter du pied les assertions ridicules, examinez un peu ce que peuvent être les « instars » d'un pareil modèle : pensez à Munich, à Berlin, aux élégances tudesques.

Pour sentir à quel point Nancy tourne le dos à l'Allemagne, il faut entendre un Nancéien prononcer un nom allemand. Je défie bien un « Herr Professor » quelconque de s'y reconnaître. Le parler traînant, ironique, de cette race qui est nôtre, déforme et gouaille d'instinct les syllabes germaniques. Oui, la frontière est à deux pas ; mais « il faut être ignorant comme un maître d'école » — de Sorbonne — pour tolérer que l'on en tire une conséquence grotesque. Et puisque j'ai cité Musset, vous souvient-il de la réplique lancée par Valentin : « C'est comme dit la chanson : je sais bien qu'il ne tiendrait qu'à moi de l'épouser, — si elle voulait !... » Nancy ne veut pas être épousée, ni même courtisée par certains voisins. Entre eux et la cité lorraine, il y a le monument de Mars-la-Tour. On a parlé dernièrement de « revenants » que l'on veut écarter. Est-ce de ces revenants-là, des revenants de nos batailles, qu'entendaient parler certains professeurs, dont un au moins, je crois m'en souvenir, est né dans les vallées vosgiennes ?

Lorsque je courais, voici trop d'années, avec les polissons de la rue de la Hache et de la rue de l'Équitation, lorsque je jouais avec le sable de la Pépinière, à Nancy, nous sentions déjà la saveur de France et la gloire de France, dans cette ville de Nancy, claire et forte. Nous possédions cette ignorance ingénue qu'il faut conserver et retrouver sous le ramas des vaines doctrines, si l'on prétend rester un homme et vivre en homme. Notre Nancy, c'était pour nous la grand'porte de France. Quiconque aurait osé nous dire autrement, à nous autres fils d'émigrés messins, nous lui aurions craché au nez. Nous avions eu, dans nos familles, des femmes que le futur statthalter allemand, feld-maréchal de Manteuffel, avait voulu faire fusiller, dans l'hiver de 70, parce qu'elles avaient protégé les blessés français à l'ambulance de la gare ; et nous avions porté le pain et le vin aux convois funèbres qui ramenaient les moribonds, dont la chair avait longuement pourri au fond des casemates allemandes. Est-ce que l'on oublie cela ?

Et, si on l'oublie, si l'on affecte, par snobisme, de l'oublier, par nietzschéisme, par un enfantillage démodé, — de quel nom, alors, mérite-t-on d'être nommés ?

En vérité, ce serait une honte qu'il fallût rappeler des certitudes aussi éclatantes. Mais tout le monde les connaît, les proclame, en dehors d'un certain milieu. Et Nancy même n'eut-il pas naguère, dans sa Faculté des lettres, le meilleur, le plus patriote, le plus parfait de ses historiens, Christian Pfister ? Et ces professeurs de Nancy, dont fut Gebhart, n'ont-ils pas tous montré, en certains moments, que le voisinage de l'ennemi redresse même les esprits que faussent, ailleurs, et corrompent les disciplines surannées et la prétention pédantesque ?

Cette espérance est donc permise, même en présence des maladresses amassées par des cuistres désordonnés, qui voudraient jouer à l'apôtre, que les élèves de ces messieurs retrouveraient, l'heure venant, sous la carapace des Sorboniques, un cœur et un esprit français.

PATRIE

Lorsqu'on a derrière soi la plus longue partie de sa vie, les fêtes de l'année nouvelle sont moins celles de l'espérance que celles du souvenir. Et pour les hommes de notre génération, pour ceux au moins qui sont restés fidèles au nom de Français, bien des années semblent lugubres, lorsque la nouvelle série des jours vient en ranimer la mémoire. Jusqu'ici, l'année de la guerre, et les faits de cette année-là, semblaient surgir de plus en plus derrière un voile de deuil et de désespérance. Les abominables sophismes dont on voulut empoisonner l'âme française avec l'admiration pour l'Allemagne militariste et la prédication, chez nous, de l'antimilitarisme (conciliez ces deux hontes-là, si vous le pouvez), ces rengaines funestes ont eu leur trop longue influence; et la tristesse nous venait, et le dégoût, à y songer.

Mais, depuis quelque temps, on voit ces poisons s'atténuer, malgré les efforts des apôtres spéciaux, et les prétendues « idées nouvelles » paraîtront bientôt pour ce qu'elles sont, c'est à-dire insoutenables, surannées.

Non seulement une vaillante revue, *les Marches de l'Est*, vient de donner à la tradition française, aux revendications françaises, au cri de la race et du droit, une tribune haut placée, parmi les acclamations de la jeunesse ardente et libre ; mais le nouvel an nous apporte un petit livre que je veux voir bientôt dans toutes les mains des hommes et des écoliers, à travers la France nouvelle.

Publié dans *les Cahiers de la quinzaine*, qu'une orientation plus heureuse a transformés, ce livre se nomme *la Carte au liséré vert*. C'est-à-dire la carte que l'état-major prussien faisait paraître six semaines avant la capitulation de Metz, la carte savamment préparée, où tout un lambeau de la France était marqué pour l'arrachement. Et toutes les pages du livre, d'une émotion d'autant plus poignante que le style est sobre, rappellent, expliquent, commentent la genèse et l'accomplissement du forfait qui demeurera comme le crime capital des temps modernes, aussi bien envers l'Allemagne pétrifiée dans sa victoire que contre la France elle-même.

On y voit avec quelle astuce, quelle patience exemplaire le guet-apens fut préparé. Et, dès le début, il y a un mot bien triste : « L'école primaire a bien rempli son office. » Hélas ! oui, mais — en Allemagne ! Lisez l'enquête publiée par la

Revue hebdomadaire, le mois dernier, et vous verrez que chez nous l'école primaire n'a point assez profondément inculqué cette juste haine, cette espérance légitime, qui sont l'âme des peuples forts et le vrai levain des vengeances.

Seulement, on reparle haut de l'Alsace, de la Lorraine, de la Lorraine et de l'Alsace. Et cela est bien. Les paroles, c'est la semence des actes. A travers les pages, on suit l'histoire des deux provinces, cette avant-garde de la France. Les idées fausses, répandues par le pédantisme tudesque, se dissipent. On entend Strasbourg célébrer que « depuis cent ans, sous la domination de la France, la cité jouit d'une tranquillité, d'un bonheur inconnus aux ancêtres ». On revoit Metz, l'âpre citadelle de la bourgeoisie libre, française depuis trois cents ans, clamer son culte pour la France, et que dans ses murailles « le patriotisme est une passion ».

Pendant ce temps, l'Allemagne, au nom de l'esprit féodal, prépare son coup. C'est un mérite de ce livre qu'il montre à nos histrions révolutionnaires, affolés de mots dangereux, comment l'Allemagne agira tout justement dans le plus pur esprit de la force brutale. Ces messieurs se croient « avancés », et ils soutiennent les puissances de tyrannie. Un prince Othon de Bismarck Schœnhausen, c'est le Titan féodal, c'est l'incarnation du hobereau brutal, aveugle, sanguinaire. Et c'est un dieu de l'Allemagne, « ensevelie, disait Michelet, dans un cercueil de fer par la main de la Prusse slave ».

Exemple admirable, éternel honneur de la vraie science française; un Fustel se lève à Strasbourg et répond à un Mommsen. Oui, je parlais l'autre jour de cet homme-là, de Mommsen, qui vint à la curée de France comme un corbeau suit les armées. Eh bien! je trouve ici des faits, encore, pour mieux affirmer : M. le professeur Mommsen adressait, en août 1870, ses lettres aux Italiens pour préparer et justifier l'annexion de nos provinces.

Alors un Fustel de Coulanges, au nom du génie historique, écrivit ces pages : « L'Alsace est-elle allemande ou française ? » Contre le vainqueur insolent et les alliés d'hier si prompts à la défection profitable, il éleva, d'un ton modeste, ferme, auguste en sa certitude, la protestation du droit.

Le droit fut vaincu, et ces villes qu'on aime comme des personnes, ces villes vitales de France, furent arrachées de la France. Ceux qui grandissent à présent, tandis que nous marchons vers l'ombre et le déclin, nous croiront-ils si nous leur disons que les enfants de 1870 ont toujours senti, devant la carte mutilée, la sensation de l'amputé, qui souffre encore dans la chair perdue et dans les artères retranchées de ses membres ?

Pour nous autres, hommes de l'Est, Messins depuis tant de siècles, pour ceux dont la famille était lorraine depuis le plus loin qu'on puisse en retrouver la trace, la souffrance fut si cruelle que l'impression ineffaçable n'a rien perdu de son horreur. Hier, à propos d'un pédant sacro-saint que je fustigeais trop doucement, tous les roquets d'outre-monts crurent m'être désagréables en glapissant : « Chauvin, chauvin. Grattez le Français, et vous trouverez le chauvin. » Ah ! dieux, quel plaisir ils m'ont fait ! Mais qu'est-ce que nous serions donc, nous, les Messins de cinquante ans bientôt, si nous n'étions pas des chauvins ? De quel nom aurait-on le droit de nous nommer ?

Chauvins, nous le sommes. Et si vous voulez mieux comprendre pourquoi, écoutez encore ceci. Vers la fin de septembre 1872, j'étais à Metz, avec les vieux parents, qui avaient, deux années plus tôt, subi le siège de Paris et la Commune, auprès de moi. J'aimais avec tout mon instinct d'enfant cette ville où ces êtres qui m'avaient formé, créé, sauvé, naissaient jadis, cette ville où tous leurs ancêtres, tous mes ancêtres, étaient nés. Nous y revenions chaque année, depuis que je pouvais comprendre et voir. A la fin de ce jour, en automne, l'apaisement du soir descendait sur la ville. On n'entendait que la Moselle frissonnante et un chant d'oiseau. Heureux de revoir le pays, on oubliait presque l'épreuve, les hontes et les désespoirs.

Tout à coup, je vis mon grand-père se lever et pâlir : au loin, aigres, abominables, les sons du fifre déchiraient la paix bienfaisante de la soirée. C'était la retraite allemande. Et ceux qui avaient entendu, si longtemps, les clairons français, les deux vieux Messins, tout meurtris par la vie, les deuils, se regardaient, comme frappés de stupeur : je les vis, tout d'un coup, tomber dans les bras l'un de l'autre en sanglotant. Le lendemain, nous revenions à Paris. Nous n'avons jamais revu Metz. Les fifres y grincent toujours.

MÉRIMÉE ÉPISTOLIER

Un procès vient de rappeler l'attention sur Prosper Mérimée ; c'est un épisode nouveau d'une lutte déjà ancienne entre un érudit, bibliothécaire de l'Université, je crois, et une dame qui hérita de ces Anglaises, dernières et antiques compagnes de l'écrivain archéologue. L'érudit prétend publier tout ce qu'il trouve ; l'héritière veut empêcher qu'il ne publie. Et l'on plaide avec persistance.

Au point de vue purement historique et littéraire, — le seul en l'espèce qui nous importe ici, — nos vœux sont pour que l'érudit triomphe de l'héritière. Où en serait-on si la deuxième génération prétendait conserver encore des droits sur les correspondances de gens célèbres, qu'un hasard ou qu'une faiblesse a livrées aux soins d'inconnus ? On n'a déjà que trop saccagé, tripoté, refait, émondé et retapé les correspondances illustres ; et celle de Mérimée n'est point parmi les mieux épargnées. Sans compter ce qu'on a brûlé comme trop intime, on a raccourci les lettres à Panizzi, expurgé çà et là, et même, Dieu me pardonne ! corrigé. Corrigé Mérimée !

Or, on ne saurait assez le redire, la seule manière de publier les papiers, quels qu'ils soient, d'un homme fameux, qu'il soit Michelet ou Mérimée, c'est de les publier en bloc, sans rien ôter, sans rien passer. Du reste, tout devrait être légué, avec les réserves que l'on voudrait pour la date de publication, aux archives ou aux bibliothèques. Personne n'a qualité pour intervenir dans la renommée d'un mort ; s'il a écrit ce qu'il ne fallait pas écrire, il a eu tort. Il aurait dû se rappeler ce mot d'un fantaisiste : « Tout papier écrit est destiné à être un jour ou l'autre imprimé. » Ou bien alors, avant sa mort, il aurait dû prier ses amis et ses amies de jeter au feu ce qu'il désirait anéantir. Une fois entré dans la gloire, il appartient tout entier à tout le monde. C'est tant mieux ou tant pis pour lui.

Non pas que, dans le cas présent, la perte ou l'omission des lettres soit particulièrement grave. La mémoire de Mérimée ne saurait perdre ni gagner beaucoup à ce qu'on accumule ou non les volumes de sa correspondance. Son grand mérite n'est point là.

Il semble qu'il y ait deux sortes d'épistoliers ; les uns, dont Gustave Flaubert demeure le plus admirable exemple, se livrent tout entiers, avec une sorte de frénésie joyeuse, et laissent leurs idées, leurs sentiments, leur douleur et leur joie s'épancher furieusement sur les pages qu'ils accumulent; sans leurs lettres, la plus riche et la meilleure part d'eux-mêmes demeurerait inconnue; Balzac et même, jusqu'à un certain point, le discret et mystérieux Delacroix, sont de cette race. D'autres, parmi lesquels serait un Sainte-Beuve, sont toujours en garde, se sentent écrire, réservent leurs aveux, comptent leurs paroles, insinuent, vont par demi-mots et par nuances; et Mérimée leur appartient, avec son ton gourmé, sa phrase sèche, cet air de badinage perpétuel qui effleure à peine.

Il y a plus, il y a pire; il avait, l'illustre inspecteur des monuments historiques, écrit tant et tant de rapports officiels, que sa prose en garde la trace; le style de ses lettres fait l'intermédiaire entre la forme nette et sobre des petits romans qu'il compose et la terne grisaille des documents officiels où il s'efforce constamment. C'est qu'on n'est pas impunément fonctionnaire; le ciel est juste; il fait payer aux réguliers, en leur infligeant l'estampille indélébile, ce qu'ils gagnent d'honneurs ou de provende.

L'inspecteur Mérimée, le sénateur Mérimée, l'académicien Mérimée composait un jour la préface pour la correspondance de Stendhal, qui n'eut jamais l'art d'accrocher les belles sinécures ou les places lucratives; rien n'est plus amusant que de comparer cette introduction aux lettres de Beyle. Certes, celui-là n'était pas — ne voulait surtout jamais être — un naïf et un phraseur : mais quel riche trésor d'idées, d'impressions, quelles saillies franches, quel original et savoureux esprit, dans ces lettres bâclées à la diable ! C'est que Stendhal, le faux sceptique, bouillonnait, se sentait artiste et se révélait capable de tous les enthousiasmes et de toutes les boutades, sous son masque un peu puéril de logicien et « d'observateur du cœur humain ». Musset aurait grommelé : « Le cœur humain, de qui ? le cœur humain de quoi ? » Et de vrai, surtout dans les lettres intimes, c'est le cœur de l'écrivain même, ou son esprit, que nous cherchons.

Mérimée, en vieux garçon épicurien et prudent, fut avare de ces biens-là. Il ne fut garde national qu'après 1830, ne soutint le coup d'État que par les intrigues postérieures et clandestines du mariage espagnol ; et, celui que Gœthe traitait, vers 1827, de « jeune indépendant », sut, dès l'aurore, abriter son adolescence auprès d'un excellent ministre, comme il reposa ses vieux jours sur un fauteuil du Luxembourg. Un tel homme pose en axiome que « personne n'écrit plus dans ce siècle de fer où les lettres se perdent et s'impriment, des confidences... » Il ne s'est jamais confié ; il s'est défié presque toujours. Cela n'a point contribué à lui faire sentir les choses et comprendre les gens ; il écrivait, lui qui courut toutes les provinces de France : « Ce peuple français est le plus prosaïque de tous. » C'est à se demander s'il ne regrettait point, partout, toujours, ses bouquins et la rue de Lille, les soupers fins et les salons académiques.

A l'âge où l'on admire surtout les écrivains pour leurs défauts, j'étais avide d'interroger sur Mérimée un ami qui l'avait connu de fort près ; je désignerai suffisamment le nom de ce grand bibliophile lorsque j'aurai dit qu'il possédait le manuscrit de *Matteo Falcone*. Dans son grenier, rue Soufflot, il aimait à conter qu'un jour, sur la plage de Cannes, il se promenait avec Mérimée, lorsque survint Victor Cousin. Tout de suite, le philosophe universitaire se mit à gesticuler, bavarder, exulter à son ordinaire, lâchant les dissertations, faisant des moulinets comme dans une chaire sorbonique ; Mérimée, sanglé dans ses vêtements anglais, fumait par petites bouffées et regardait Cousin, du coin de l'œil, sans rien dire ; à la fin, le tempétueux éclectique, le Platon du « juste milieu », s'en alla vers d'autres conquêtes. Alors Mérimée retirant sa cigarette de ses lèvres, et fixant ses regards glauques à vingt pas devant lui, prononça tranquillement : « Il parle vraiment bien, ce bon Cousin ; seulement, voyez-vous, mon cher enfant, il est un peu jobard. »

On peut se demander s'il n'est pas bon d'être parfois « un peu jobard ». Seulement, il serait permis, si l'on pouvait, de choisir, plutôt que la manière de Cousin, celle de Flaubert.

LE GUIGNOL LYONNAIS

La ville de Lyon célèbre, depuis quelques années, par une série de fêtes, une grande gloire locale, sa plus grande gloire peut-être. Il ne s'agit ni de Victor de Laprade, ni de Joséphin Soulary, pas même de la surnaturelle Juliette Récamier. Non, le personnage est plus illustre, et plus divertissant, sinon d'une aussi édifiante vertu : ce n'est rien moins que ce Guignol, né natif de la Croix-Rousse, et voici que l'on se prépare à élever un monument pour son créateur immortel, Laurent Mourguet.

Tous ceux de Lyon, et tous ceux qui connaissent Lyon, fréquentèrent, il n'y a pas encore beaucoup d'années, ce caveau du quai Saint-Antoine, où le vrai Guignol, l'unique Guignol, s'ébaudissait au milieu d'une âcre fumée. Là, dans une salle puante et délicieuse, pareille à ces théâtres abolis que décrivait avec amour le cher Banville, on voyait s'ébattre et l'on entendait trompeter, avec sa voix grasse et narquoise, le Guignol primitif et son compère l'antique savetier Gnafron.

Guignol vient d'avoir son histoire, publiée chez un excellent libraire, et par le secrétaire d'une revue philosophique. Déjà, depuis quarante années, et dans trois éditions successives, le théâtre de Guignol était recueilli par un magistrat qui finit à la cour de cassation. Rien de plus naturel : la vraie philosophie n'a point d'images plus riches que les comédies de Guignol, et qui donc se connaîtrait mieux en comédies, qu'un magistrat ?

Ces petites comédies, faites sur les thèmes éternels et inchangeables, — car il y a quelques sujets, toujours les mêmes, pour la comédie ou le drame, — ces fables prises dans la veine commune et populaire, ont un génie particulier, qui tient à l'esprit, à l'accent local, et nous montrent aussi ce don général, universel, qui les place parmi les chefs-d'œuvre durables. Ce don-là, c'est la vie, c'est ce sortilège inimitable que rien ne remplace, et par lequel un ouvrage rudimentaire, incomplet ou gauche, retient le public, charme le peuple, survit, grandit, alors que sombrent, et s'effacent, et disparaissent de belles compositions bien peignées, bien léchées, arrangées par des charlatans habiles, et faites suivant les recettes les plus magistrales. Une vie joyeuse, une allègre et rayonnante bonhomie anime ces pantins de bois, et les gens qui viennent les voir se reconnaissent dans leurs gestes et les échauffent de leurs propres passions.

D'où nous vient-il, ce *canut*, ce tisseur de soie,

cet ouvrier en chambre de la Croix-Rousse ? Et son nom de Guignol, quelle en est l'origine ? Les mêmes farceurs graves, philologues plus ou moins patentés, qui voulaient voir dans Arlequin l'*Erlkœnig* allemand (le roi des Aulnes !), ont prétendu trouver son nom dans la ville piémontaise de Chignol. N'est-ce donc pas assez que Polichinelle et Pierrot, Arlequin et Cassandre soient italiens ? Celui-ci c'est un pur Français ; le sobriquet de Guignol existe à Lyon dans des actes, dès 1269. Et puis, le Dauphiné, tout proche, donne le ratafia, liqueur de cerises, nommé aussi le guignolet. N'est-ce pas une plus heureuse et plus authentique origine, pour un pantin très illustre, que le baptême piémontais ?

C'est la dynastie populaire des Mourguet qui fixa le type de Guignol, vers la fin de l'avant-dernier siècle. Le vrai théâtre de Guignol est celui que composèrent ces gens à la langue robuste et nette, à l'imagination si vraie et si primesautière. A l'âge de la décadence, les parodies d'ouvrages célèbres s'introduisirent sur le petit théâtre ; c'était changer, fausser le genre. Je ne serai point ingrat, cependant, et je me souviens d'une *Dame blanche*, jouée et chantée par Guignol et ses acolytes, qui était fort désopilante, en l'an 1893. Mais, enfin, ce n'était plus là le vrai Guignol.

Il lui fallait, à ce héros, les pièces vraiment populaires où la porte d'allée, la clef d'entrée, la fenêtre du grenier et l'échoppe du coin fournissaient les péripéties. Là-dedans, sur le canevas cent fois usé des vieilles farces, le génie lyonnais tissait une trame si neuve et si forte, que j'ai pu voir jadis, à Sainte-Barbe-des-Champs, nos camarades jouer ces pièces après ou avant les farces mêmes de Molière, sans que Guignol eût rien à perdre ; et j'ai souvenir que personne n'applaudissait plus ardemment que Jaurès, alors vétéran de rhétorique ; il se plaisait, en ce temps-là, aux comédies inoffensives.

Les allusions à l'événement actuel ont marqué la fin du Guignol véritable. Confondre la politique et Guignol, c'est mêler deux genres trop voisins pour bien se combiner et faire autre chose qu'un méli-mélo.

Ce qui rend Guignol éternel, c'est qu'il est le vieil ouvrier d'autrefois, le canut fini ; d'abord petit *gone* habile à crever les carreaux de papier avec sa tête en demandant gracieusement : « Quelle heure est-y, siouplaît ? » il est devenu le travailleur casanier, qui aime sa chambrette sombre et ses quatre meubles boiteux, son escalier malodorant et son quartier sans élégance ; chez ce brave homme, cela sent le « faguenas », comme aurait dit ce médecin du grand hôpital lyonnais qui avait nom maître François Rabelais ; mais, dans cet air de renfermé vit une famille solide, la vieille famille française. Malgré le marchand de vin et les dettes possibles, Guignol est un régulier au fond de son âme naïve : il est bon, bienfaisant, jovial et fraternel et il respecte ce qui doit être respecté, il aime ce qu'il faut aimer. Ce mauvais homme de talent qui se nommait Jules Vallès était arrivé à Lyon en 1869, pour préparer... 1871. Il fut médiocrement reçu par ces travailleurs en chambre, qui chérissaient leur chez eux ; et quand il revint, en retard et furieux, poser au banquet chez Antoine, rue de l'Impératrice, il grogna : « Rien à faire ici, ça pue la famille ! » Jamais Guignol et ses modèles ne reçurent plus bel éloge.

Oui, Guignol « pue la famille » ; sous ses plaisanteries et ses gausseries, il « pue la patrie », comme aurait dit Vallès, et le terroir, et tout ce qui nous donne les raisons de vivre. C'est pour quoi nous nous y plaisons ; c'est pour cela que son langage sans apprêt nous semble plus beau que les tirades compassées des fabricants officiels. Quand Guignol apparaît avec son petit chapeau en lampion, frère cadet du chapeau napoléonien, avec sa queue de cheveux en « salsifis » qui frétille comme une langue, on le salue d'un cœur joyeux, comme on salue aussi le vieux Gnafron, coiffé de son tromblon 1830, qui n'est jamais brossé qu'à rebrousse-poil ; j'ai parlé de Rabelais : si, de son temps, ces personnages avaient existé, le père magnifique de Panurge et de frère Jean des Entommeures aurait reconnu ses enfants, formés de vrai limon français.

Le jeu de ces vieilles poupées était charmant à voir ; cette juste exagération des gestes que produit le mouvement des mains qui les mettent en branle, ces épaules qui se dérobent, ces bras qui peuvent se hausser à l'excès et faire le moulinet sans peine, enfin la fixité des yeux peints et légèrement hagards, tout cela crée cette vision prenante et fantastique, laquelle est l'art même et la force surnaturelle de tous les arts.

Grâce à Guignol s'est avéré le mot fameux d'un amateur : « Lyon n'est qu'un faubourg de la Croix-Rousse. » Toute grande ville vraiment vivante et féconde n'est elle pas le faubourg de ses vieux quartiers, d'où elle a tiré son génie, où elle puise le meilleur de sa sève originale ?

Lyon a raison de célébrer son cher pantin, sa vieille et sa meilleure gloire, et le brave homme de génie qui inventa cette figure. Ce petit grand homme de bois peut survivre à beaucoup de grands messieurs en marbre et en bronze. Et puis, songez donc ! un comédien qu'on remet dans sa boîte ou que l'on pend à son clou, muet, immobile, dès que son rôle est terminé ! un comédien qui ne parle point hors de scène, et n'écrit et n'imprime rien ! N'est-ce pas assez pour lui faire une apothéose, à jamais et de siècle en siècle ?

PREMIER MAI D'AUTREFOIS

Il ne faut pas croire que le premier mai, date désormais fatidique pour nos monarques absolus de la C. G. T., ait toujours été célébré par des fêtes délicieuses, telles qu'en savent organiser les souverains du nouveau style. Le premier mai, dans l'ancien temps, et dans les pays à l'ancienne, était, et demeure parfois encore, une fête joyeuse et douce, au lieu d'être l'anniversaire de la haine et de la rancune.

C'était, surtout dans les campagnes, le triomphe du renouveau, la fête de la terre en sève, l'allégresse du jeune amour. Michelet, l'éternel apôtre de la flamme et de la jeunesse, n'a-t-il pas dit : « Alors, alors, la nature parle à tous !... Les splendeurs de l'Orient, les merveilles des tropiques, ne valent pas, mises ensemble, la première violette de Pâques, la première chanson d'avril, l'aubépine en fleurs, la joie de la jeune fille qui remet sa robe blanche ! » Ce sont ces joies et ces chansons que l'âme naïve du peuple, laissé à ses instincts véritables d'ingénue bonté, d'enthousiasme, c'est ce printemps doré que tous célébraient à l'envi, d'un bout à l'autre de l'Europe.

I

Chez nous, dans l'antique Lorraine, au pays messin, un bruit d'instruments et de chansons annonçait la dernière veillée d'avril, la première aurore de mai. Les gars des villages, au son de la musique, s'assemblaient à grand fracas. Et ils se dispersaient, au désespoir des gardes-chasses, dans les forêts environnantes; les pauvres gardes, sur les dents, ne parvenaient point à saisir les gaillards agiles, qui leur coupaient des baliveaux sans vergogne; tout est permis aux amoureux, et ces arbrisseaux revenaient aux villages pour être ornés de rubans et placés devant la fenêtre des jeunes filles que l'on voulait conquérir. A travers les détours sans nombre des bois et des friches, bien fin le garde qui prenait un « délinquant ». Et puis, pour un qui se laissait saisir, combien d'autres filaient alentour, enivrés de printemps et enhardis d'amour !

Les filles se mettaient en robes blanches, et le matin du premier mai, chantant, dansant, elles venaient devant chaque logis du village célébrer le retour de la belle saison. Les refrains qu'elles colportaient ainsi, traditionnels et simples, se nommaient les *Trimazôs*. En échange de l'aubade, les habitants devaient donner des œufs, du lard, de l'argent même. Ce que l'on avait recueilli formait une masse, et la vente servait ensuite à orner ces « mois de Marie », ces autels de la Vierge, si pieusement décorés.

Et les fillettes de chanter :

> Nous venons d'un cœur embrasé
> Madam', c'est pour vous demander
> Ce que vous voudrez donner,
> Dame de céans,
> C'est le mai, le joli mai,
> C'est le mois de mai !

Et, comme si tous les parfums de la terre en sève s'exhalaient par leur voix, elles reprenaient en chœur :

> Avons passé parmi les champs,
> Avons trouvé les blés si grands !
> Les avoines se vont levant,
> Les aubépines fleurissant !

Parfois, il semblait que le rythme et les paroles s'affolaient, comme si le vent printanier et le soleil du renouveau, qui rend fol et qui fait danser, donnaient un branle furieux à ces cortèges innocents :

> Voici le mois de mai, avril est passé !
> Je ne puis tenir mon cœur de joie aller !
> Tant aller,
> Tant danser,

> Vous aller, moi chanter !
> Trimazòs !
> C'est le mai, mois de mai,
> C'est le joli mois de mai !

Quel cœur endurci par la vie, fermé par l'âge, aurait tenu devant ces appels ? Cependant, l'avarice du paysan refusait quelquefois, et surtout la pingrerie médiocre du petit bourgeois. Alors, on leur lançait au nez ce refrain hostile, cette abominable menace :

> Nous vous avons chanté, mais nous vous déchantons !
> Nous vous souhaitons
> Des enfants, autant
> Qu'il y a de pierrots dans les champs !

A l'autre bout de France, dans les montagnes du Vivarais, l'antique tradition du pays celte comprenait la quête de la veillée, la promenade de la reine de mai, la plantation du *mai*. La tournée de quête subsiste ; les quêtes ont la vie plus dure.

II

Tandis que ces chansons couraient de la Moselle à l'Ardèche et du Rhône à la Loire, les pays étrangers gardaient aussi la fête de mai. Nulle part elle ne se célébrait plus gaiement que dans l'Italie, et dans nulle contrée d'Italie, plus triomphalement que dans la Toscane.

Non seulement le moyen âge, au radieux treizième siècle, voyait les rues de la cité se pavoiser, les cours d'amour se réunir autour du *Seigneur de l'amour* à Florence, de la *Comtesse de mai* à Bologne, ou bien des *Reines* à Modène et à Ferrare ; fêtes éclatantes, tournois, banquets et danses qui continuaient jusqu'à la Pâque des roses — c'est la Pentecôte — ou même jusqu'à la Saint-Jean ; mais l'usage dura jusqu'à nos jours, surtout dans la campagne, de porter en triomphe l'arbre de mai, fleuri, couvert de rubans et de citrons doux. Cavalcanti, l'ami de Dante, Ange Politien, le poète des Médicis, avaient donné l'exemple d'entonner la belle chanson :

> Bienvenu le mai
> Avec son gonfalon sauvage !
> Bienvenu le printemps,
> Qui veut que l'homme s'enamoure !
> Adieu mélancolie,
> Puisque l'on est en mai,
> Faisons et chants et danses.

Et Botticelli n'avait-il pas trouvé, dans la fête de *Primavera*, l'un de ses chefs-d'œuvre ? Bien plus, le maître de la poésie et de l'art et de la pensée en Italie, Dante Alighieri, n'avait pas manqué de puiser à la source du génie populaire ; comme, plus tard, les humanistes animeront leur poésie à la fraîcheur légère de l'inspiration paysanne, lui, le poète souverain, voulut faire aussi sa ballade de la guirlande, « faite de fleurs », des fleurs qu'il avait vues enguirlandant la tête de son amie.

Et c'est pour cela que la poésie de ce peuple resta vivace ; même ceux qui auraient été des savants, des pédants, sous d'autres climats, vivaient si près de la campagne dans cette contrée de délices, et ils s'en pénétraient si bien, que l'air des champs vivifiait leur poésie.

Et, pour le mai, les petits autels tout fleuris s'élèvent. Et pour le mai, du Piémont à la Romagne et de la Lombardie à la Sicile, on danse, on chante :

> C'était de mai, si bien je m'en souviens,
> Que nous commençâmes à nous aimer ;
> Fleuries étaient les roses du courtil,
> Et les cerises mûrissaient...
> Hier au soir j'ai mis un lys à ma fenêtre
> Ce matin l'ai trouvé fleuri...
> Damoiselles amoureuses,
> Voici le mois des amours,
> Qui vous apporte lys et fleurs
> Et toutes les choses charmeuses.

Cela se chantait en cantilènes, avec des trilles et des fioritures si le chanteur était expert. Le rythme était lent, à trois temps. On en connaît encore la technique. Seulement, les Italiens se contentent bien rarement du chant tout simple, quand ils peuvent y joindre l'action dramatique. Et les chansons de mai, bien vite, sont mises en scène, il en naît de petits drames qui se jouent entre paysans.

Les lambeaux de la fable, les récits d'une histoire devenue légendaire se mêlent aux chansons. Et l'on a vu, et l'on peut voir sans doute encore un vigneron figurer Clytemnestre, un berger devenir Achille ou César, grâce à un vieux sabre et à sa cape bien drapée. Un grave sénateur italien m'a dit un jour qu'il avait assisté, voici trente ans, dans la Maremme, à une représentation qui mettait en scène *Sapho*, ni plus ni moins ; vous pensez bien que la poétesse de Mitylène était figurée par un gars du village ; je crois même qu'on lui avait laissé sa barbe, brune et frisée.

III

Quoi que l'on pense de notre vie contemporaine, on ne peut ni ressusciter le passé, ni revenir en arrière.

Seulement, il est bien permis de rappeler les temps plus doux, où la vie était plus naïve et s'embellissait d'autres joies. Le fleuve trouble, qui traverse les grandes villes, marche vers la mer, d'un élan irrésistible ; il roule la fange et la peste, il est énorme, il est souillé. Mais si l'on remonte à la source, on retrouve le ruisseau clair, qui s'éveille dans un bocage et scintille par la campagne.

JULES VERNE

I

Amiens célébrera aujourd'hui Jules Verne. Une statue va s'inaugurer, pour l'écrivain qui composa dans la vieille cité picarde son œuvre presque tout entière. Né Breton, l'auteur des *Voyages extraordinaires* passa les années fécondes de sa vie, non point dans sa ville natale de Nantes, active et lumineuse, mais dans les brouillards somnolents et somnifères de la Somme ; Amiens l'avait fixé, peut-être par ce mélange du labeur industriel et de la monotonie provinciale qui donne à cette ville un caractère si particulier. C'est là, dans la plus morne rue et la plus paisible maison d'un quartier taciturne, c'est là, reclus entre sa riche bibliothèque et son jardinet, et sa cour grisâtre, que le prodigieux enchanteur imagina tant de voyages, et courut sur la terre, et sous la terre, sur la mer, et sous la mer, dans le ciel et jusqu'à la lune, sans quitter guère son fauteuil de bureau.

Si tous les enfants, tous les adolescents qui ont pris à la suite de cet esprit fabuleux les chemins du rêve scientifique et de la science imaginaire, si tant de lecteurs passionnés s'étaient réunis pour jeter chacun la plus modeste obole aux pieds de leur maître, on aurait, certes, une prodigieuse statue.

Où n'a-t-il pas entraîné notre génération, cet homme dont chaque œuvre nouvelle était attendue, dévorée avec fièvre ? L'Afrique centrale, avec *Cinq Semaines en ballon*, l'Océanie, avec *les Enfants du Capitaine Grant*, le Pôle, avec *le Capitaine Hatteras*, — on ne se passionnait, alors, que pour ces capitaines-là ! — le centre de la terre avec ce livre-ci, les mines et les mineurs avec cet autre, qui est peut-être son chef-d'œuvre : et c'était la Sibérie, le Caucase pénétrés, et l'alliance russe prédite, dans *Michel Strogoff*, les sous-marins triomphalement décrits dans *Vingt mille lieues sous les mers*, comme ailleurs il avait présagé les dirigeables; songeries fabuleuses, que la réalité dépasse aujourd'hui, sans les embellir ni les rendre plus profitables. Tout cela paraissait dans ce brave *Magasin d'Éducation et de Récréation*, dont l'éditeur même, Hetzel, fut un écrivain délicieux de finesse et de poésie; il y avait bien, à côté, les épanchements fadasses de l'académique Legouvé, la pâte ferme d'un Eugène Müller, les pleurnicheries de quelque dame-auteur. Mais on passait par là-dessus; les enfants ont deux qualités merveilleuses :

celle de ne point lire ce qui leur déplaît, celle de ne point écouter ceux qui les ennuient. C'est même ce que l'on conserve de meilleur et de plus utile, à la fin de l'éducation classique, — lorsque l'on sait le conserver.

Mais on était insatiable de Jules Verne; réunis en grands volumes, assez mal illustrés et peu maniables, ou reparaissant sous la forme, plus clémente aux yeux, de volumes in-douze, quel succès avaient ces romans scientifiques! Ils indignaient, du reste, certains « savants ». Je vois encore un bon professeur de physique les confisquer, les manier, les rejeter avec mépris; il se refusait à nommer l'auteur de son vrai nom, il ne savait — jeu de mots magistral! — que le surnommer: *Baliverne*. Le brave homme s'exterminait à nous démontrer comment « Baliverne » esquivait, dans chaque ouvrage tout justement le point délicat du problème, glissait traîtreusement par-dessus, ou à côté, faussait les données et savait escamoter la solution. Mais que nous importait l'autorité scientifique, la véracité dogmatique, toutes les qualités en « ique », si cruellement refusées à notre écrivain favori? Le professeur pouvait parler; car on s'endormait à son cours; ou bien, si l'on restait éveillé, c'est qu'un des bouquins proscrits se dissimulait sous la table, aux replis d'une serviette ingénieusement équilibrée.

II

Et ce n'est point la qualité plus ou moins douteuse de sa science que nous songerions à reprendre chez l'excellent Jules Verne. La science est si relative ! et nous l'avons vue se transformer en tant de manières ; on nous a si bien donné pour vraisemblable et pour possible ce que l'on repoussait, hier, avec le plus de véhémence ! Et puis, tout cela nous est encore, comme au temps de nos beaux quinze ans, si parfaitement égal ! Tant qu'on n'aura rien inventé pour embellir la vie et pour détruire ou pour éloigner la mort, qu'importe ce qu'on trouvera ?

Non, c'est plutôt un reproche contraire que l'on oserait adresser à Jules Verne. S'il a péché, ce n'est point, à nos yeux, par manque de science, mais bien par excès de science. Libre aux savants, aux professeurs, de s'indigner qu'il ait osé mettre la science en roman et l'enseigner avec les méthodes d'un romancier. Ce qui déplaît aux écrivains, à ceux qui conservent encore — ancêtres ou précurseurs ? — l'amour des lettres et le culte de la beauté pure, c'est que cet homme a préparé la folie matérialiste et pseudo-scientifique du temps présent.

Il a créé les contes bleus du dirigeable, les contes de Perrault du sous-marin, les féeries de l'exploration, les tragédies de l'usine et du laboratoire. Il a préparé cette génération d'enfants ou de jeunes gens qui sauront raccommoder un pneu, fabriquer une pile électrique, rafistoler un moteur ou composer un bain chimique, mais qui n'ouvriront plus un livre pour la joie de lire une page de poète ou de philosophe et qui ne courent les campagnes et les forêts que sur une Charron, une Panhard ou une Fiat, la main au volant et les yeux au manomètre.

Il a fait croire à des millions de cerveaux malléables, dans l'âge où les impressions s'impriment si fortement, que les héros du ballon, du bateau blindé, du train-éclair, — car il n'a pas prévu l'automobile, — sont les plus grands héros du monde. Walter Scott de l'enseignement primaire, il aida de sa main puissante, avec ses livres qui entraient partout, à la diffusion de cet esprit mécanique, éphémère et caduc, j'en suis convaincu, mais enfin si pernicieux et si stérile en son apparente fécondité.

Les enfants de la bourgeoisie française, qui se sont nourris de ces légendes concertées avec un art réel par un homme sédentaire et solitaire, se sont mis à concevoir le monde comme une vaste usine et la terre comme un champ de courses. Philéas Fogg, le médiocre reporter, n'a pas seulement conquis la presse et envahi le domaine qui aurait dû lui être à jamais interdit : il a régné, grâce aux intérêts complices, sur l'enseignement même et dans l'éducation générale. Tout le monde s'est persuadé qu'il fallait aller le plus vite possible. Aller où ? C'est ce que l'on oublia de dire. Mais on se console de l'ignorer en s'y précipitant.

Les peuples qui prenaient la tête de la civilisa

tion piétinent maintenant derrière les peuples plus grossiers, mais riches de cette énergie que Jules Verne faisait si bien admirer. Qui calculera l'effet d'une œuvre répandue à ce point dans le public le plus ingénu, le plus enthousiaste ? La folie a gagné partout. L'autre jour, dans un tramway, je vois monter péniblement, soutenu sous les deux bras par le conducteur, un pauvre garçon bancal des deux jambes ; il s'assied comme il peut, il tire un journal : il lisait les *Sports!* Il y cherchait, je pense, les secrets pour vaincre au foot-ball !

Loin de nous la pensée absurde de condamner les exercices physiques bien entendus, les inventions scientifiques sagement dosées et appliquées avec prudence. Mais aussi l'idée d'une race humaine qui se consacrerait tout entière à la découverte matérielle, à l'exploitation matérielle, à la jouissance matérielle (d'ailleurs un peu plus que contestable), cette idée-là est répugnante. On peut espérer quelque chose d'un être informe et d'un peuple sauvage : un être complexe à l'excès et un peuple perfectionné dans le sens de la mécanique sont des spectacles monstrueux.

Pour oublier que Jules Verne a par trop contribué, peut-être, à préparer de tels spectacles, il faudra nous ressouvenir qu'il nous a consolés, jadis, aux heures mornes du collège. Quels que soient les éléments dont se compose une œuvre, lorsqu'elle nous apporta de pareils bienfaits, nous devons lui demeurer reconnaissants.

L'APOTHÉOSE DE FRÉDÉRIC MISTRAL

Sur cette antique place d'Arles, dont le nom même est triomphal, Frédéric Mistral va bientôt venir inaugurer sa propre statue. Le patriarche de Provence verra, face à face, l'image qui doit demeurer de lui-même, il va s'admirer, le large feutre sur la tête, le manteau drapé sur le bras, superbe, vaillant, éternel. Seul, peut-être, de nos poètes, Victor Hugo put soupçonner un tel triomphe : mais autour de Victor Hugo, trop de politiciens, de frères et amis, trop de figurants sans valeur s'agitaient, lorsque défila devant lui la cohue qui le célébrait. Mistral, unique survivant de la grande génération littéraire qui nous précède, connaît une gloire plus pure. Il a le droit de répéter, avec Musset :

Aucun gravier fangeux ne me traîne au talon.

Et s'il plaît à Dieu, rien d'officiel, ni uniformes variés ni admirateurs de commande ne salueront le vieillard auguste lorsque le voile tombera, devant lui, sur son propre fantôme.

Mistral, c'est le dieu de la Provence, un héros qui semble venir de la mythologie ancienne. Comme Dante pour l'Italie, cet homme est l'incarnation même de sa race. Son art plonge, par toutes les racines, au sol provençal, et surtout dans la terre aux saveurs plus âpres, moins connue et plus admirable, qu'est la Provence intérieure.

Dans ce village de Maillane, où il naquit, le beau poète est demeuré toute sa vie, auprès des monuments gallo-romains, non loin des ruines médiévales, devant les Alpilles ; reliques de Saint-Remi, castels des Baux, roches des montagnettes parfumées, ces vestiges de notre Gaule latine, mille fois plus augustes que les débris transalpins, ces aiguilles des rocs brûlés par le mistral et le soleil, ont enchanté son existence, inspirèrent son œuvre entière.

En 1859, après les coloriages du romantisme, avec les élucubrations pseudo-classiques des clercs de notaire dauphinois, pèlerins pour l'Académie, un livre, un vrai livre paraît : *Mireïo*. Le vieux Lamartine se souvient de *Jocelyn* et salue ce poète qui ne craint pas, sous le deuxième Napoléon, en pleine foire bonapartiste, de lui dédier son ouvrage : « C'est un raisin de Crau qu'avec toutes ses feuilles — T'offre un paysan. »

Du premier coup, c'est le chef-d'œuvre, parce que c'est « le cœur et l'âme » de l'auteur. L'auteur ?

peut-on mettre ce nom, prostitué par le charlatanisme littéraire, sur les écrits d'un pareil homme ? Gendelettre, jamais Mistral ne le fut : il laissera quatre ou cinq volumes ; il chante quand il a envie de chanter. Le reste du temps, il s'amusa de faire une collection avec les mots provençaux, il composa cet énorme vocabulaire, le *Littré* provençal, que vendit son ami Roumanille, dans une ruelle en Avignon. Ou bien, il courut les champs.

Cependant la renommée vient comme un coup de soleil sur une garrigue Ne pense-t-on pas à Mistral, un beau jour, pour l'Académie ? Mais l'homme est grand, et l'homme est fin : il comprend ce que gagnerait l'Académie à s'adjoindre Mistral ; il n'arrive guère à comprendre ce que Mistral gagnerait à être de l'Académie. On le raille, dans les cénacles ; un jour, Leconte de Lisle, entre divers admirateurs et quelques commis de librairie, laisse tomber cet oracle de ses lèvres épiscopales : « Ah ! Mistral, ce monsieur qui écrit en patois. » Quelqu'un murmure dans un coin : « Le provençal n'est pas un patois. Le langage créole, avec les *filaos*, les *manchys*, et les *bernicas*, est un patois. » Mais, ne vaut-il pas mieux louer ensemble deux artistes magnifiques ; et la *Fontaine aux Lianes*, et *Juin*, et *Kaïn*, et *Midi*, ne peuvent-ils pas trouver place à côté des *Iles d'or* et de *Calendal* ? Hélas ! chaque génération s'entre-déchire, et puis la mort passe, et la justice vient.

Mistral, avec son encolure de mousquetaire,

était créé pour figurer aux bravades de la Saint-Jean. Son allégresse rayonnante en fit l'empereur de Provence. Il paraît, il est acclamé, et le peuple entier lui fait cortège. Il se sent vraiment souverain ; aux dames qui le visitèrent en son jardinet de Maillane, il cueille un rameau de verdure, et il l'offre avec un beau geste de galanterie protectrice. Mais il comprend toutes les choses, il aime tout ce qui lui parle de nature et de vérité : au poète, à l'humble poète qui, d'un pays brumeux, bien loin de la claire Provence, lui adressait ses vers, Mistral enverra son portrait, comme une tête couronnée, mais il écrira bellement au-dessous de l'image, en artiste, ces mots d'amour qui loueront le cœur de la France autant qu'il eût loué la Camargue : « L'Ile-de-France, bon pays royal où sainte Geneviève a gardé ses brebis et où la fleur de lys armorie naturellement l'azur des mares ! Que chacun garde sa Provence et il y aura encore un paradis pour tous ! »

Homme heureux ! il l'a gardée, lui, sa Provence, et il en fit un paradis pour lui et pour les autres. Pour lui d'abord : il a vécu dans son Maillane, cueillant les fleurs dans ce fossé du puits à roue qui le voyait patauger dès ses premiers pas. Il fut ébloui par sa vie, au point qu'il ne pouvait presque pas la raconter : tout en était beau, tout était au même plan. Ses souvenirs contiennent mille petits faits, pêle-mêle : c'est comme un délicieux babil enfantin.

Ses Mémoires, il les a mis dans ses poèmes. C'est là que les impressions de toute sa vie ont pris place. Vie de vrai poète ! et, si l'on y veut réfléchir, exemple unique peut-être d'un homme qui écrit des vers rustiques sans être un artiste de cabinet, un citadin qui s'improvise poète des champs. Lamartine, qui connaissait la véritable vie rurale, sentit ce don, du premier coup. Même dans l'antiquité, tant d'idylles furent écrites par des rhéteurs, des gendelettres ! Au lieu que celui-ci, c'était un villageois, demeurant au village ; sans doute il tranchait sur ses pareils, et, dès ses premières années, sa mère soupirait : « Cet enfant-ci, sainte Vierge ! n'est point comme les autres. » Qui donc fait une œuvre d'artiste en étant « comme les autres » ? Et cependant Mistral, malgré son originalité vigoureuse, était assez « comme les autres », assez peuple ou petit bourgeois pour se faire adorer de tous et comprendre par tous. Il fut l'empereur de Provence, parce qu'il était Provençal dans tout son être ardent et fier, ingénu, rayonnant, chantant. De lui, comme du grand soleil que célèbrent ses vers lyriques, on pourrait dire :

> Avignon, Arles et Marseille
> Te reçoivent ainsi qu'un dieu !

Toute la terre de Provence exhale son âme en ses vers, comme elle exhale son parfum sous le soleil qui la calcine. Lisez-le dans le pays même, et vous verrez de quelle force triomphante il soutiendra cette épreuve, la plus redoutable de toutes. Il est vrai qu'il manque peut-être à son œuvre le caractère âpre et tragique ou la mélancolie poignante ; ce que l'on sent aux bords funèbres de l'étang de Berre, par un crépuscule d'été, ce qui flotte dans les campagnes de la Provence intérieure, si mal connue, si vénérable. Mais emportez *les Iles d'or* ou *Calendal*, dans une barque, sur la mer qui frissonne autour du Levant, de Port-Cros ou de Porquerolles, partez du Lavandou par un beau matin de janvier, sur la vague dorée et verte, avec ces livres dans la main, et vous ne craindrez pas de nuire au poète, en lisant à l'ombre de la voile, au frisclis du sillage, des vers comme ceux-ci :

> On n'entendait que l'ahan
> Des mariniers et le hoquet
> De la vague esclaffée entre les rocassons
> Et qui grésillait sur la grève.

Une poésie égale au pays qu'elle prétend peindre, voilà donc le trésor sans prix que nous a prodigué Mistral. Combien de chances divines, quels essais et quels triomphes de la destinée faut-il pour produire un héros pareil ! La conscience de tout un peuple se sublime en de pareils hommes, et quand le don de poésie est si fort en eux, qu'il exprime le miracle tout entier, c'est un spectacle tel que l'on en demeure ravi. Je n'oublierai jamais, pour moi, comment, à mon premier voyage hors de nos pays, en Provence, j'achetai, dans une échoppe, sur le port de Marseille, un livre : *Mireïo*. Le lendemain j'étais en Camargue, et puis en Crau, et puis dans les Alpilles ; Mistral ouvrait un nouveau monde au barbare du Nord. Pour combien d'autres — sans compter ceux de son pays qui l'idolâtrent — ce poète fut-il l'image même de la terre provençale, faite de parfum et de lumière ? Son existence d'homme s'y achève, resplendissante, comme le soleil sur la mer, après une journée d'automne.

POUR NOS TRÉSORS

Le plus redoutable peut-être, parmi les maux dont nous souffrons par ce temps de libertés oiseuses et de tyrannies incommodes, c'est notre profonde incurie; le plus redoutable, ai-je dit, parce qu'en effet, c'est le plus avilissant. Jamais ce vice originel des nations dites latines, ne s'est montré plus fortement dans la France; jamais, sans doute, on n'eut mieux le droit de redire :

L'Histoire a pour égout des temps comme les nôtres.

Tout vaudrait mieux qu'une apathie si satisfaite d'elle-même. Voyez : elle s'étend partout. Et l'on ne saurait, dans la presse entière, répéter avec trop de vigueur et de persistance le cri d'alarme qui fut poussé naguère : on vole les trésors de France !

Oui, depuis que des lois inconsistantes et des mesures mal comprises et gauchement combinées mirent le désordre dans les affaires du culte et dans ses rapports avec l'État, nos reliques d'art, abandonnées sans défense, guettées par des malandrins habiles et organisés, recélées ensuite par des complices puissants et riches, sont ouvertement au pillage. Églises fracturées, sacristies forcées, dépôts saccagés, presque tout y passe ; et tout y passera, si l'on ne s'aperçoit enfin qu'une œuvre d'art national est peut-être plus intéressante que le crime quotidien ou le dirigeable crevé.

Je n'ai pu lire ces nouvelles de nos pertes et de nos désastres, dans le Sud-Ouest surtout, si riche en merveilles, sans revoir ces vieilles églises rustiques, montagnardes, que nous visitions, il y a vingt ans, pèlerins fanatiques et ravis de notre art ancien. Eh quoi ! la Chaise-Dieu, avec ses tapisseries, ou Conques avec ses joyaux, sont menacées ! Et l'on se tairait ? Ce que la Révolution, capable au moins de fondre, avec les trésors confisqués, des armes victorieuses, n'a pas su trouver ni détruire, va prendre le chemin du pays où règne le vendeur de porcs ou le roi du pétrole, opulent en chèques ? Sommes-nous sourds, aveugles, fous ? Hier, on nous disait qu'un trop pieux dépositaire, animé par un zèle coupable et mal entendu, venait de faire émigrer en Espagne une dentelle sans prix. Demain, nous apprendrons que des automobiles — anonymes, comme celles qui tuent sur nos routes — ont volé, cette fois, un, deux, vingt autres trésors, mal protégés par une crémone usée, par des serrures minées sous la rouille, ou même livrés par des gardiens inconscients.

Et nous comprendrons, une fois de plus, que les temps changent vite ; autrefois, naguère, on savait ce qui se passait sur les routes, et les paysans suivaient la carriole du larron, les gendarmes le rattrapaient, on télégraphiait un signalement dans les gares, on savait qu'il était forcé de prendre le train pour s'enfuir. Mais à présent ? Un ravisseur qui voyage en automobile n'est pas plus facile à trouver qu'un chauffeur dont les roues écrasent les passants. Il s'en va, c'est fait. Et la châsse, le reliquaire, la pyxide, ou la monstrance dérobée passe bien vite aux mains savantes qui maquilleront, cèleront, prépareront un beau truquage ou un bon tour de passe-passe. Il ne serait pas mal que l'on forçât messieurs les antiquaires à déclarer leurs ventes, et qu'on fît des inspections, tout ce qui pourrait les gêner dans un métier trop lucratif ; mais, hélas ! qui règlemente et qui inspecte ? Leurs amis !

Pauvres trésors de France ! ils sont pourtant augustes et charmants dans leurs échoppes délabrées, au fond de leurs bourgades noires. Dans le temps si proche et qui semble si lointain, où l'on voyageait pour l'amour de l'art, voici ce qu'était l'arrivée à Conques, dans le fin fond de l'Aveyron. Je m'arrête à ce nom-là, parce que le trésor est peut-être le plus beau, et le plus en péril.

Quand le chemin de fer baroque et fabuleux

vous déposait à Marcillac, on devait prendre son bâton en main, et marcher le long des ravines, en cet âpre et sombre Rouergue, ou bien se faire secouer par la carriole qui épouvantait, si c'était jour de foire, les troupeaux de gorets conduits par les rustres au vaste chapeau. Dans la gorge abrupte où l'on finit par pénétrer, la vieille basilique abbatiale monte comme une vision des âges carolingiens. Avec le *Jugement dernier* de son portail, elle fascine tout d'abord. Au dedans, symbole de l'administration toujours présente en sa sollicitude, un échafaudage désert pourrissait lentement ; c'était le souvenir laissé par l'architecte officiel, occupé sans doute à des tâches plus modernes. Le curé venait à vous, et se plaignait, et vous plaigniez le curé qui était un brave et digne homme, puisque en 1889 il suivit son trésor à Paris, ne voulut ni le refuser à l'Exposition ni l'abandonner si longtemps.

Il était et il est encore, ce trésor sans pareil, dans un galetas attenant au presbytère. Puisque Paris en a pu voir les pièces maîtresses, il ne sied point de le décrire, et, d'ailleurs, un maître archéologue, Alfred Darcel, en a publié la meilleure monographie. Mais qui dira le charme de la statue barbare, dans cette chambre misérable où elle vous fixe avec ses yeux d'or, froids et torves ? Petite idole à la face hiératique, aux gestes byzantins, fétiche étrange d'une race incompréhensible à la nôtre, elle est enlacée par une chaîne en jaseron où pendillent mille amulettes précieuses, pierres antiques, bijoux d'émail, de pierreries, donnés, légués, accumulés sur cette antique image de sainte Foy. L'autre statue, bien plus moderne, est d'argent, une vierge sage, menue, exquise. Et si l'amas des richesses montre une lettre d'émail limousin, soyez sûr que la légende populaire croit y voir l'*A* du nom de Charlemagne, *Karolus*, la seconde lettre de ce nom formidable, octroyée jadis par l'empereur à l'abbaye qui venait en deuxième rang dans son estime et son amour.

Tout cela, c'est la France. Et tout cela, trésors de Conques ou d'ailleurs, au Sud, au Nord, au Centre, partout, d'Hazebrouck à Perpignan, d'Elne à Dunkerque, il fallait l'inventorier avec plus de soin, et il faut, à présent, le mettre en sûreté coûte que coûte. Le Louvre a la galerie d'Apollon ; le musée de Cluny, plus sûr encore et mieux ordonné, ouvre ses salles ; qu'on rafle pour nos grands musées, et qu'on y dépose sous les garanties qu'on voudra, moyennant les compensations qu'il faudra, ce qui est notre patrimoine aussi bien que l'air, le sol et les rivières de la France. Sans doute, on vole aussi le Louvre, mais moins aisément tout de même.

Ah çà ! serions-nous donc assez ahuris par la démence de la vitesse inutile et des inventions homicides pour abdiquer jusqu'au dernier instinct de notre race ? Qu'est-ce qu'on attend pour montrer cette prudence élémentaire commune à tous les animaux : garder son bien, veiller sur ce qui est à soi ?

Il est sans doute infiniment curieux de savoir quelle vieille dame on a égorgée ce matin, et si Burgess a traversé la mer, et comment a volé — dans l'air ! — le champion américain, et nous avons besoin de connaître jusqu'à quel point est sérieuse l'esquinancie de nos ministres. Mais, enfin, ces informations précieuses, ce n'est pas tout encore. On peut désirer davantage. Il y a autre chose en France.

Et je parlais des aviateurs, des dirigeables. Prenez garde : aujourd'hui l'on nous dévalise en automobile ; demain si les aéroplanes finissent par marcher tout seuls (ainsi que le souhaite tout esprit sage et tout cœur bien placé), demain on volera bien plus facilement encore dans nos églises ; ils entreront par le clocher au lieu de cambrioler la porte.

QUELQUES ARTISTES

LA « CÈNE » DE LÉONARD DE VINCI à MILAN

Les travaux que l'on a produits sur l'œuvre peinte par Léonard au mur d'un réfectoire, dans un couvent milanais, sont innombrables ; et le monde entier connaît, au moins par la photographie ou la gravure, la *Cène* du Vinci. Jusqu'à cette année, cependant, il semblait qu'il fallût se résigner à voir périr, par un progrès fatal, même les restes du chef-d'œuvre, à voir s'effacer tout à fait, s'émietter les derniers vestiges aux murailles du monastère. Les pèlerins ou les touristes qui s'en allaient vénérer à Sainte-Marie des Grâces l'une des compositions maîtresses d'un artiste souverain, contemplaient avec tristesse l'ombre de beauté que montrait son spectre en lambeaux ; et, surtout si le vent du sud et la terrible humidité d'un climat pluvieux et moite faisaient sortir la moisissure des pierres et du plâtre, il leur semblait assister à l'agonie du grand ouvrage.

On ignorait, chose bizarre, combien de temps

ce travail avait coûté à Léonard, quand la peinture avait subi les premiers dommages, par quels procédés il avait peint, quelles causes avaient pu hâter et poursuivre l'anéantissement, et même en quel état, au juste, la *Cène* subsistait présentement.

Nous sommes désormais mieux instruits, grâce à l'architecte érudit qui a tout fait pour conserver ou restaurer les trésors de Milan. M. Luca Beltrami, dans une publication tirée à quelques exemplaires, a éclairé toutes ces ombres. Et les soins d'un spécialiste éprouvé viennent de consolider la fresque et d'en sauver les reliques. Ces documents, cette réfection, appartiennent au patrimoine universel de l'art. Et l'on ne saurait point manquer de les faire mieux connaître à tous.

C'est dans les dernières années du quinzième siècle, entre 1496 et 1498, que Léonard composa cette page miraculeuse, pour l'ordre des Dominicains ; c'était la coutume de ces religieux qu'une Cène ornât leur réfectoire : à Florence, Dominique Ghirlandajo avait représenté le repas divin dans la petite salle à manger, en ce monastère de Saint-Marc où vécut Savonarole.

Le Vinci, merveilleusement souple et, comme dirait Dante, « transmuable en toutes manières », se passionna pour cette œuvre, ainsi qu'il fera, deux ans plus tard, pour la décoration païenne et symbolique des salles vertes ou noires, au Castello ducal. L'étonnant évêque d'Agen, Mathieu Bandello, qui donne en ses contes naïfs et galants la fidèle image de cette époque, a vu travailler Léonard, et il nous le peint tout vivant : « Le duc de Milan, Ludovic Sforza Visconti, et quelques gentilshommes, au monastère des Grâces des frères Saint-Dominique, se tenaient cois, à contempler la miraculeuse et fameuse Cène du Christ avec ses disciples, que lors peignait l'excellent peintre Léonard de Vinci ; lequel aimait fort que chacun, devant ses peintures, dît librement son opinion. Léonard avait aussi coutume, et maintes fois je l'ai vu et considéré, d'aller le matin de bonne heure et de monter sur l'échafaudage, et du lever du soleil jusqu'à la brune y rester sans quitter le pinceau, oubliant le manger et le boire, et peignant sans relâche. Ensuite il se passait des deux, trois et quatre jours sans qu'il y mît la main, et néanmoins il restait là parfois une ou deux heures par jour, à seulement contempler, considérer et examiner à part soi : et il jugeait ses figures. Je l'ai vu encore, suivant que le caprice ou la fantaisie le prenait, partir à midi, quand le soleil est dans le signe du Lion (en août), du vieux Palais, où il modelait son admirable cheval de terre glaise, et s'en venir droit au couvent des Grâces, monter sur l'échafaudage, prendre son pinceau, donner un ou deux coups à une de ces figures, et tout aussitôt s'en aller ailleurs. »

Au milieu des désastres que le seizième siècle

amenait sur l'Italie, l'œuvre où Léonard avait mis tant et tant de soins s'abîmait dès 1517. Léonard était alors en France, à Amboise ; la *Joconde*, *Saint Jean* et *Sainte Anne* l'y accompagnaient ; à la fin du siècle, Vasari déclarait qu'on voyait seulement, à la place du chef-d'œuvre, « une tache confuse ».

On a cru que la mauvaise exécution de l'ouvrage, la recherche de procédés nouveaux, le malheureux emploi des pâtes composées à l'huile avaient hâté ce grand désastre. « Aujourd'hui, répétait un contemporain, tout est ruiné. » On a incriminé aussi les architectes du seizième siècle. Mais il n'est pas probable que les mêmes mains sacrilèges qui barbouillaient, alors, de chaux toutes les fresques, en Italie, aient gâté celle-ci encore. Un Vasari n'avait-il pas blanchi, par amour de la mode nouvelle, toutes les peintures de Giotto, à Sainte-Croix de Florence ? Pour la *Cène*, les Barbares n'osèrent pas. Elle s'en allait en lambeaux, d'elle-même, l'humidité la dégradant ; par certains jours de vent moite, on la voyait « couverte d'humidité, comme s'il eût pleuvoté là-dessus », disait un témoin. L'eau coulait en rigoles Les champignons de la moisissure poussaient sur l'œuvre. On l'avait voilée de rideaux, et cette précaution aidait à sa perte, en l'étouffant.

Idée plus funeste encore, on la restaurait. Un pieux réparateur la couvrait d'huile. Remède essentiellement momentané, qui aggravait le mal. On nettoyait ensuite le malencontreux graissage. Et bientôt, on accusait Léonard de Vinci lui-même d'avoir perdu sa fresque en la peignant, non point *à l'enduit*, mais à l'huile. Les bévues de ses maladroits admirateurs lui étaient attribuées.

Les peintres sont malheureux dans l'avenir, s'ils sont heureux dans le présent; tout le monde voit et connaît leur œuvre; ils ne subissent point l'étouffement et le silence où souffrent tels écrivains, et des meilleurs. Mais la destinée de leur ouvrage est remise aux mains des vandales qui pourront abîmer, transformer, trahir à leur gré la composition primitive.

En 1796, Bonaparte ordonnait de respecter la *Cène* et de la sauvegarder contre les soldats logés au couvent. Mais l'ennemie, la terrible humidité, continuait sournoisement ses ravages. En 1819, on parlait de transporter ce qui restait, sur toile ou sur bois; le restaurateur autorisé en profita pour cuisiner, à sa manière, ce qu'on lui livrait de bonne foi. On arrêta son zèle. On continua de déplorer la mort lente et progressive d'une œuvre, « dont à peine quelques parties restent visibles ». Les voyageurs qui passaient, en 1855, déclaraient sur le registre de visite : « Dans trois ou quatre ans, tout sera perdu. » En 1870, on se lamentait toujours, sans rien savoir de plus. Et, dans ces dernières années, Gabriel d'Annunzio pouvait écrire sa fameuse *Ode pour la mort d'un chef-d'œuvre* :

> Pleurez, ô poètes ! ô héros !
> Sur la lumière qui n'est plus,
> Sur la joie qui n'est plus.

Moi même, étudiant Milan avec l'amour que laisse au cœur un long séjour dans cette ville où Stendhal voulait vivre et mourir, je ne pouvais que dire : « Les ruines mêmes ont péri. »

L'énergie et la piété des Lombards n'a pu se résigner à perdre ce qui restait encore, l'ombre du grand chef-d'œuvre ; le mal est si grand qu'on pouvait seulement, non le réparer, mais en arrêter les derniers effets. Puisque la fresque même avait bien été peinte par Léonard suivant les vrais procédés, et puisque l'huile incriminée n'avait été mise que par la main d'un restaurateur inepte, il fallait étudier, en quelque sorte, la constitution de la muraille, et savoir remédier à ses défauts, empêcher ce qui pourrissait l'ouvrage du maître.

Une prudence, une piété exemplaires ont conduit l'essai de consolidation, la tentative de salut. Elle a donné des résultats inespérés. Ce qui transparaissait encore de la grave et sereine composition, les fantômes poignants qui flottent sur la paroi chancie jadis, nous seront conservés, on l'assure, et ne s'effumeront point dans la moisissure et le néant. C'est moins les inventions bizarres d'un Léonard que l'effet des agents hygrométriques sur une mauvaise muraille qu'il convient de condamner. Ces effets, un art respectueux, une sérieuse technique viennent d'en suspendre le progrès. Il convient de remercier ceux qui veulent et qui savent garder au monde artistique les traces d'un chef-d'œuvre. Il est si rare que l'on ait à faire l'éloge des conservateurs, l'éloge des restaurateurs !

JEAN-BOLOGNE

I

Il faut approuver grandement la ville de Douai, qui prépare un monument à Jean-Bologne. Dans cette riche Flandre, berceau de tant et tant d'artistes et d'œuvres, et qui donnait encore, au siècle dernier, un Jean-Baptiste Carpeaux, le nom et la gloire de Jean-Bologne méritent bien d'être célébrés, revendiqués sur l'Italie.

Ce fils d'artisan douaisien a créé sa gloire et laissé presque tous ses ouvrages en Italie. Mais c'est sur les bords de la Scarpe qu'il naissait, vers 1524; c'est dans les ateliers flamands qu'il a fait son apprentissage. Son vrai nom fut Jehan Boulongne, et son maître Jacques Dubrœucq, de Saint-Omer.

C'est vers sa vingt-sixième année qu'il alla, selon la coutume de tant d'autres Flamands, chercher les exemples italiens. Suivant le chemin banal, il s'en fut d'abord jusqu'à Rome; il y trouva la *Schilderbent* flamande, le cercle joyeux et cordial de ses compatriotes; il voulut essayer d'apprendre avec Michel-Ange; le vieux géant prit le modèle de terre glaise ou de cire que lui présentait l'étranger, il le pétrit, le repétrit en vingt façons, et, regardant le jeune artiste ébahi : « Va-t'en d'abord apprendre, et tu achèveras ensuite. » C'est par l'étude des œuvres que Jean-Bologne apprit quelque chose de Michel-Ange.

Après deux années, ayant bien connu Rome, il voulait revoir ses Flandres. Il prit son chemin par Florence. Sa destinée l'y attendait. Il y resta, il y vécut toute sa très longue carrière. Il y mourut, ayant passé les quatre-vingts ans.

La Florence de ce temps-là, vers le milieu du seizième siècle, n'avait plus grand'chose de la cité « paisible, et sobre et pudique », déjà pleurée par l'Alighieri. Paisible, elle l'était, mais sous le sceptre déshonoré du Médicis, vassal de l'Empereur. Sobre et chaste, elle ne se souvenait même plus de l'avoir été. Le faste d'une cour bruyante, l'éclat d'un art en décadence cachaient les hontes du pouvoir et l'asservissement du peuple. Vasari régnait sur les arts, ainsi que Cosme Ier sur les mœurs publiques. Mais Jean-Bologne, qui fut toujours heureux, trouva d'abord le protecteur qui fit sa fortune; et c'était Bernard Vecchietti, d'une famille consulaire, antique et honorée entre toutes, une des très rares que Dante nomme, avec respect et louange, dans son *Paradis*. Le patricien comprit l'artiste, et il le fixa pour jamais à Florence ; Jean-Bologne, laborieux, ingénieux et bon vivant, habita la meilleure partie de son existence dans cette villa du *Repos*, voisine de la cité, sise en ce miraculeux Val d'Ema, l'antichambre du ciel. C'était, sur une colline d'arbres fruitiers, de cyprès et de lauriers, parmi des sources et des bocages, au-dessus des prés et des fleurs, une de ces larges demeures où la nature embellissait encore les trésors de l'art ; qui n'a pas vécu dans les salles et les préaux d'une villa toscane ignore le bonheur de vivre. Et, dans ce temps-là, le *Repos* montrait, sous les yeux d'un maître artiste et hospitalier, des cartons de Michel-Ange, des maquettes de Cellini, le grand tableau du Botticelli, un Antonello de Messine ; et Jean-Bologne y trouvait même une collection de maîtres flamands.

Excité par la sympathie de l'hôte, animé par les beaux modèles, enflammé par le vin toscan dont il faisait ses délices, Jean-Bologne se laissa prendre aux sortilèges de la Toscane. Tel son historien, M. Foucques de Vagnonville, qui, venu pour un bref séjour d'études, ne sut point repartir, vécut et mourut à Florence. Ce n'est sans doute ni le dernier des artistes, ni le seul des érudits que la Toscane enchaînera.

II

La constante fécondité de Jean-Bologne, cette série prodigieuse d'œuvres capitales, statues, fontaines, bustes, écussons, statuettes, bas-reliefs, tout un monde colossal et fourmillant, étonnerait, « confondrait », pour parler comme le naïf doyen de Faculté qui, jadis, écrivit ou voulut écrire la biographie de l'artiste. Mais il faut se dire que de tels artistes avaient un atelier, une tribu d'élèves, qui étaient eux-mêmes de vrais maîtres dans la technique; pour les fontaines de Bologne, c'est la dynastie des Portigiani, fondeurs admirables, qui exécute le dessein de Jean-Bologne; et ce sera Pierre Tacca, Pierre de Franqueville, qui se feront, pour tant de monuments insignes, et jusqu'à la fin, jusqu'à la statue de Henri IV, dressée au Pont-Neuf, les collaborateurs et comme les substituts du maître.

Ce qui appartient au seul Jean-Bologne est déjà merveilleux. Celui que ses contemporains déclaraient « un très excellent sculpteur et fondeur admirable, et dans toute œuvre de son art prompt et de grand esprit », celui que l'on saluait, dès ses débuts, comme « un jouvenceau plein de talent et d'ardeur », conserva, durant trois quarts de siècle, cette belle allégresse et cette sève du terroir flamand. La bonne face de vieillard robuste et souriant, que montre encore au Louvre son buste fait par Franqueville, est celle du brave artisan, joyeux d'une longue journée, où pas une heure ne fut perdue ni pénible.

Son art lui ressemble; et c'est le comble du talent, et c'est, çà et là, le génie. Venu derrière Michel-Ange, employé par les souverains aux commandes officielles et aux réfections d'antiques, il accumulera, sans doute, des statues qui nous sembleront conventionnelles, désordonnées dans le geste et lourdes d'emphase. Mais il jaillira, certain jour, de son ciseau, cette figure qui, seule, le ferait immortel : *le Mercure volant*. On pourrait graver sur le socle les vers de Ronsard qui décrivent le jeune dieu :

> Sa houssine
> Ses ailerons entez dessus sa capeline,
> Ses talonniers dorez qui le portent devant
> Les plus roides coursiers des foudres et du vent ;

tant l'Immortel déploie, d'un élan souverain, sa robustesse adolescente. On reconnait ce Barthélemy Ginori, le plus cher modèle de l'artiste; Jean-Bologne avait admiré, tandis qu'il était en prières dans l'église de Saint-Jeannin, ce jeune gentilhomme, que l'on nommait pour la perfection de son corps, « le bel Italien » ; Ginori, sentant ce regard fixé sur lui, vint au sculpteur et lui demanda ce qu'il voulait. « Je veux, répondit Jean-Bologne, contempler à loisir, si vous le souffrez, les proportions admirables de votre personne. Je suis Jean de Douai, le sculpteur du grand-duc. » Le patricien de Florence posa pour le sculpteur flamand ; et c'est encore lui que l'on reconnaît dans le jeune Romain qui enlève, étreint la Sabine, sous la loggia des Offices.

Le succès, qui aime les forts et ne les gâte point, laissa Jean-Bologne aussi simple et pas plus riche que devant. « C'est bien la meilleure personne qui se puisse trouver, » écrivent les contemporains. Nullement avide, peu rigoureux sur les prix, il conservait cette conscience admirable qui lui faisait rechercher et racheter, pour les détruire, ceux de ses anciens ouvrages qu'il estimait trop médiocres.

Et il gardait la fantaisie qui lui faisait placer, au coin du palais Vecchietti, ce petit satyre porte-bannière, le *diablotin*, comme on l'appelle à Florence, jeu merveilleux d'une imagination restée populaire et naïve au milieu des créations monumentales. Il gardait cette poésie naturelle qui lui faisait édifier les fontaines les plus charmantes, dans un pays où les glorieuses fontaines sont les délices des jardins.

Il voyait, malgré les devoirs d'école et les terribles influences d'académie, la vraie nature, et, quand il le pouvait, ses mains modelaient de franches images. Avant Barye, — et je le crois au-dessus même de Barye, — il a figuré, voici bientôt cinq siècles, des animaux incomparables, et l'on oserait même dire que, chez lui, l'animalier n'a point d'égal. Pour un bassin de Boboli, des singes, et, mieux encore, pour une grotte de Castello, la villa des Sforza-Médicis, où fut élevé Jean-des-Bandes-Noires, une série d'oiseaux, aigle, dindon, l'un des trésors que conserve le *Bargello*, c'étaient là ses jeux ordinaires.

Le bon vivant, ami des mets succulents, des larges bouteilles et des gais compagnons, sut bien mourir et préparer sa mort. Il édifia, dans l'église de l'Annonciade, une chapelle magnifique, et s'y dessina le tombeau le plus simple. Il voulait que cette chapelle, dite du « Secours », qui contient un de ses plus nobles crucifix, accueillît la dépouille des artistes flamands, de ceux qu'il appelait « ses compagnons », s'ils mouraient, comme lui, à Florence.

Que l'on forme au bon ouvrier, au grand artiste, un monument composé de ses propres œuvres. Il n'y a qu'à choisir. Un tel édifice aurait le double avantage de coûter moins cher, et, aussi, de nous rassurer sur ce que nous verrons bientôt dans la bonne ville de Douai. La patrie d'un Jean-Bologne ne saurait rien inaugurer d'incomplet ou de médiocre. Et, malgré nous, dès qu'on nous parle d'une statue nouvelle, nous nous souvenons d'hier et d'avant-hier, et nous avons peur. Il y a tant de statues, et il y a, Dieu juste, si peu de sculpteurs !

LIGIER RICHIER

SCULPTEUR LORRAIN

On a laissé passer sans bruit, ces temps derniers, la fête que la petite ville lorraine de Saint-Mihiel organisa pour la mémoire de son plus illustre enfant. Il convient pourtant de redire que le monument élevé au sculpteur Ligier Richier dans la cité barroise est celui d'un artiste fier entre tous, et valeureux et attachant. « Les terres fortes de notre pays meusien, écrivait jadis un de ses compatriotes, ne sont guère fécondes en artistes; mais quand elles en produisent un, de loin en loin, elles le font robuste et original. » L'œuvre de Ligier semble faite pour illustrer et pour avérer ces paroles.

Et les ouvrages d'art laissés par de tels hommes gardent encore mieux et plus pleinement leur caractère lorsqu'ils sont demeurés dans le cadre primitif de ces bourgades taciturnes, perdues aux terres de Lorraine. Presque tout ce qui reste de Ligier Richier se conserve dans des villettes au nom féodal, Saint-Mihiel, Étain, Hattonchatel ou Bar-le-Duc.

Saint-Mihiel, d'où il est sorti, où sa vie presque tout entière a coulé, c'est le vieux sanctuaire de saint Michel, un archange lorrain entre tous, comme saint Nicolas est un évêque pour chez nous. Débris de camp romain, falaises de vieux rocs aux profils sculpturaux, rien ne manquait pour donner à la petite place forte, agrégée au seizième siècle autour de sa haute abbaye, une forme pittoresque. Elle était dans toute l'ardeur de sa vie municipale, elle qui retint sous ses murs un roi de France, quand Ligier — Léger — Richier y naissait, vers l'an 1500. Il prenait ce prénom de Léger, si purement lorrain encore, et que nous avons pu connaître, nous autres de là-bas, porté par de vieux parents, autrefois.

Le premier acte officiel que lui consacra la bonne grâce du duc Antoine le qualifie de son vrai nom : « Nostre bien-aimé Lieger Richier, imaigier. » Oui, Richier fut un imagier, c'est-à-dire un artiste du terroir, et un artiste inspiré par le moyen âge, par les traditions du pays subsistant sous les formes nouvelles que révélait la Renaissance, ou ce que l'on est convenu de nommer ainsi.

Dès ses premiers essais, sa valeur est reconnue. Il se voit exempter de tous les impôts, de toutes les charges, sauf les guets, et garde des portes et murailles. Il ne faut pas qu'un homme, même précieux, manque à la défense de ses remparts et à la garde de sa ville. Richier se marie, et sa fille épousera un certain Godart, « homme ingénieux pour les forteresses ».

On a coutume d'écarter, non sans dédain, des légendes qui le représentent comme un enfant prodige, habile à sculpter les animaux et les objets qui l'entouraient. Ceci, pourtant, n'a rien d'étrange. Et ceux de Lorraine ont connu, voici bien des années, un petit paysan meusien, qui se nommait Mathias Schiff; celui-là, qui mourut au seuil de la renommée, modelait aussi des images en gardant ses ouailles; et il avait, à dix-neuf ans, sur une place de Nancy, cette statue de René II, que l'on peut admirer toujours. Richier était de même race. Pourquoi n'aurait-il pas fait de même? Ce qui paraît légende aux érudits, lesquels sont souvent des niais, est presque toujours vérité pour les artistes.

Dès sa vingt-troisième année environ, en 1523, Richier taillait le rétable d'Hattonchatel; dans la bourgade située à quatre lieues et demie de Saint-Mihiel, il dressait, derrière le maître-autel de l'église castrale, trois scènes de la Passion, pleines de conviction intense, de verve et de vie. Du premier coup, et dans un ouvrage considérable, le Lorrain Richier affirmait les grandes vertus de sa race : une fidélité vaillante à la tradition du moyen âge, la science de la pratique et le génie primesautier. Ce sont les qualités maîtresses d'une race que l'ironie défend contre les influences du moment et de l'étranger, contre la mode, et contre la tache du cosmopolitisme : si quelque Lorrain s'intéresse aux productions d'outre-monts ou d'outre-Rhin, ne doutez point qu'il ne réserve sa faveur, ne motive très longuement son opinion, et ne soit plus enclin au mépris et à l'aversion d'instinct qu'aux enthousiasmes factices et aux bévues que l'on déplore ensuite, les années coulant. Avec cela, consciencieux, épris du métier jusqu'à la minutie, jusqu'à la manie; mais — une fois bien sûr de ses armes, et que la matière obéira sous la main savante — capable de s'abandonner à la vraie inspiration, celle qui ne calcule guère pour le succès temporel, et, dans l'art, cherche premièrement, coûte que coûte, « le royaume de Dieu ».

Pour s'aider à l'œuvre, Richier trouvait, dans les carrières du pays, cette belle pierre, d'un grain si fin, d'une couleur si nette, qu'il enduira plus tard avec un mélange de cire vierge et d'huile appliqué à chaud, de manière à lui donner les tons harmonieux de l'ivoire. Ici, dans cette première œuvre, les groupes qui feront sa gloire sont esquissés. Et la saveur de son art apparaît déjà ; on sent qu'il aime les figures naïves, populaires, vraies, les bonnes femmes à la coiffe paysanne, le noble habit des religieuses, la robe et le manteau de ses voisins les Bénédictins, l'armure des gendarmes lorrains, le surplis du prêtre, les plis naturels des vêtements vulgaires. Il n'oublie pas, autour du cadre, son marteau, son ciseau, son compas, sa règle. Et, suivant la coutume des magiers, il peint, il dore cette pierre qui encadre les bas-reliefs.

Il sculpte aussi le bois, cette matière trop dédaignée par les nouveau-venus. Mais les trois crucifiés de Bar ne sont peut-être pas de lui tout entiers. En 1528, il laisse à Étain ce que l'on nomme le *Bon Dieu de pitié*, la Vierge soulevant le corps inanimé de son divin fils. Et Saint-Mihiel conserve un groupe en bois de noyer, où Notre-Dame est figurée s'évanouissant aux bras de saint Jean, débris d'un groupe plus nombreux, dont les autres figures sont lentement tombées en poussière.

La mort et la douleur, mais une mort qui est l'aurore des résurrections éternelles, et une douleur qui foudroie le corps pour en dégager l'âme, c'est l'inspiration constante de cet homme mélancolique, austère, avide des croyances et des promesses surhumaines. Il aime, lui qui modela les enfançons les plus parfaits, à mettre ces petits corps souples et comme indécis des enfants au maillot, contre la rigide image dépouillée du crâne humain, et les petits doigts des chérubins se jouent près des orbites vides et des mâchoires dénudées.

Mais voici les trois grands chefs-d'œuvre : le

Squelette de Bar-le-Duc, la *Philippe de Gueldre*, conservée à Nancy, la *Mise au Tombeau* de Saint-Mihiel. Le premier de ces ouvrages fait saisir pleinement combien Richier s'éloigne de l'école italienne, alors si puissante, combien il s'élève au-dessus des conceptions ultramontaines ; voyez au dôme de Milan : Marco Agrate montre un *Saint Barthélemy*, statue fameuse qui est un morceau de bravoure, un simple écorché ; mais Ligier Richier, chargé par René de Châlons de dresser à Saint-Pierre de Bar-le-Duc « sa pourtraiture fidèle... comme il serait trois ans après son trépas », hausse et vivifie ce spectre, qui serait horrible en d'autres mains ; il jette, dans l'entrelacs des muscles rongés et qui pendent aux os avec les flexions des lianes et des pampres, un élan si fier, que le mort a ressuscité, semble offrir à Dieu, par sa main levée et par sa face rayonnante, la ferveur d'une foi sans borne.

Au Westminster lorrain, dans l'austère chapelle ronde, à Nancy, Philippe de Gueldre, seconde épouse de René II, figure en cet habit de Clarisse qu'elle revêtit durant les vingt-sept années de sa vieillesse. C'est, entre tant d'images tombales qui sont la gloire de la France, une des plus belles, une œuvre qui égale Ligier Richier aux plus grands sculpteurs florentins. La matière même dont est faite la statue, ce marbre gris et noir de la robe et du manteau, qui fait ressortir la pâleur et les rides des vieilles mains, du vieux visage émacié par les années et par le jeûne, est d'un inexprimable effet. Et, tout à côté, dans la salle obscure du palais ducal, deux autres gisants montrent bien par quelle conscience exemplaire, quelle probité d'artisan magnifique Ligier Richier arrivait à de telles œuvres.

La *Mise au Tombeau*, de Saint-Mihiel, le *Sépulcre*, comme on l'appelle, reste l'œuvre la plus célèbre. C'est au moins la plus vaste. Elle appartient à ce cycle d'œuvres analogues qui peuplent Pont-à-Mousson et Neufchâteau, Saint-Nicolas-du-Port et Chaumont. Elle les surpasse, comme aussi le *Sépulcre* de Solesmes, par la grandeur simple des moyens et par la franchise des formes. Il y a là, si j'ose le dire, une bonhomie souveraine, la bonhomie du très grand art, qui s'est fait son langage et le parle avec une entière confiance.

L'esprit robuste, âpre et inquiet de l'artiste se laissa, vers les dernières années, incliner aux promesses d'une réforme religieuse. Il semble que le calvinisme, la doctrine des « pédants secs », comme disait Chateaubriand, ait séduit Richier. Cette erreur l'envoya mourir à Genève. Mais toute son œuvre était faite.

FRÉDÉRIC CHOPIN

I

Les deux nations idéalistes, France et Pologne, peuvent se partager l'honneur d'avoir produit ce Frédéric Chopin, qui naissait à Zelazowa Wola, près de Varsovie, le 1.ᵉʳ mars 1809, puisque le père de l'artiste, Nicolas Chopin, était originaire de Nancy. Sujet du bon roi Stanislas, le Nancéien émigrait en Pologne pour faire l'éducation de jeunes nobles. Il épousait une Polonaise, et voilà comment le génie vibrant et précis, âpre et mystique, d'un Chopin, réunit aux vertus lorraines les dons poétiques du Slave, et la grâce avec la clarté.

Dès les premières années, les deux éléments qui composeront ce génie s'affirment sans entraves. Chopin, dans la maison paternelle et dans la ville natale, connaît une enfance heureuse ; l'allégresse un peu turbulente qu'il conservera si longtemps, son goût de la caricature et de la farce, ne rencontrent qu'indulgence et sympathie autour de lui. Dans cette Pologne que la Prusse et la Russie écrasent à l'envi, sa gaieté française est la bienvenue : le proviseur même du lycée où son père enseigne la langue française confisque un cahier de bonshommes dans lequel sa silhouette officielle est figurée sans respect; il ne se fâche point, il rend l'album à Frédéric Chopin, avec la note : « Bien dessiné. » L'enfant, gai, naïf et sensible, ne rencontre que des amis et des protecteurs; la musique l'ensorcelle tout de suite, il fond en larmes dès qu'il entend jouer, et bientôt il compose, il donne sa première audition, tout pomponné par sa mère, paré d'un col superbe ; lorsque le concert est fini, la maman veut savoir ce qui fut le mieux applaudi. « Oh! maman, répond Frédéric, tout le monde admirait surtout mon beau col. »

Même son professeur d'harmonie et de composition, Elsner, est intelligent et bon. Il sent l'originalité profonde qui animera le talent de cet adolescent ; directeur du Conservatoire, il répond aux pédants : « Laissez l'enfant en paix ; il ne fait pas comme les autres, parce qu'il a des dons extraordinaires. »

Dès les premières improvisations, le poète se révèle. Il dépense follement sa verve et ses dons. Mais, pour s'enrichir et se renouveler, il a ce trésor sans pareil : la tradition populaire, les chansons, les danses du peuple. Ce garçon qui passe pour un fou parmi les gens de sa maison, parce qu'il se lève sans cesse, toute la nuit, pour plaquer des accords sur le piano, cet être exubérant, bizarre, vient en vacances dans la campagne polonaise ; et là, derrière le paysan qui chante en dirigeant l'araire, à côté de la bonne femme qui fredonne en filant, devant les faucheurs qui rythment l'andain, ou le ménétrier qui fouette son crincrin, il recueille et note, il s'imprègne des mélodies naïves et des impressions directes. Ce peuple affolé de musique, pétri de poésie et d'art instinctifs, lui révèle ces danses allègres et guerrières, joie d'une race aux désirs voluptueux, farouches, faite pour les baisers et le sang. La science que les leçons d'Elsner ont donnée à Chopin, la naturelle élégance de sa nature fine, mettront par là-dessus les arabesques du virtuose ; mais la vieille âme polonaise, tendre, passionnée, bizarre, forme le fond, à tout jamais.

Le succès vient tout de suite au jeune prodige ; un anneau de diamant donné par le tsar Alexandre Ier, en 1825, après une audition à Varsovie, l'applaudissement unanime d'amis fidèles, l'aide loyale de ses maîtres, les horizons nouveaux ouverts par les premiers voyages à Berlin, à Vienne, à Dresde, lui montrent seulement la joie et les triomphes de la vie. Ses seuls ennemis, en ce temps, c'est la politique, dont il prend l'horreur, et le tabac qu'il exècre. Mais son bonheur même le force à chercher un autre théâtre pour sa renommée qui grandit. Et sa première douleur, c'est de quitter son cher pays. Il a le pressentiment qu'il « laisse Varsovie à jamais ». Il part cependant, le 2 novembre 1830 ; ses condisciples et son maître Elsner lui font la conduite ; ils lui remettent une coupe d'argent, pleine, jusqu'aux bords, de la terre polonaise. Une première amie, Constance Gladkowska, vient de glisser un anneau précieux au doigt du voyageur ; Chopin croit partir pour l'Italie, et se retourne avec un « au revoir » vers la jeune femme qu'il va quitter ; il ne verra jamais l'Italie, il ne retrouvera jamais la Gladkowska. L'adolescence est enterrée, aux flancs de la coupe d'argent, sous la terre de Varsovie.

II

Breslau, Dresde, Prague, Vienne, Munich et Stuttgart semblaient amener l'artiste vers ces étapes de « l'apprentissage » en Italie, si chères à Gœthe. Mais la révolution de Varsovie, à la fin de 1830, changea les plans. Et ce fut Paris et la pleine lumière.

A la fin de septembre 1831, Chopin entrait dans cette France dont rien ne l'éloignera plus, sauf une fugue à Majorque, et une en Angleterre. Son passeport exhibait la mention : « Passant par Paris à Londres. » Il aimait à montrer la pièce, bien des années plus tard : « Vous voyez, disait-il, je suis toujours ici de passage. »

Le vandalisme des troupiers moscovites a fait par malheur un feu de joie, en 1858, avec les reliques et la correspondance conservées à Varsovie. Mais les souvenirs contemporains suppléent quelque peu à ce désastre.

La même erreur qui dépeuplait en 1870 notre Alsace et notre Lorraine exilait alors de Pologne les meilleurs citoyens. Chopin retrouva ses compatriotes chez nous. Il eut aussi la bonne chance d'être appuyé par Kalkbrenner, alors à l'apogée de sa fortune ; par Baillot, par Fétis. Cherubini ne parlait que « choléra et révolution », et lui semblait « une momie ». Mais Lesueur, le maître de Berlioz, était accueillant au disciple d'Elsner. La fièvre de ce Paris vivant et brillant des années romantiques saisissait Chopin, son talent de virtuose lui ouvrait d'abord la voie que son génie de compositeur fera si haute et triomphale. Il eut sa soirée chez Rothschild, qui le fit connaître aux salons opulents. Il était lancé.

Sans embarras matériels, son œuvre s'augmentait et grandissait. On commençait à le combattre, ce qui est le signe certain du vrai succès. Les femmes s'éprenaient de lui, les hommes le criblaient d'attaques. Il était à la mode.

Il l'était peut-être à l'excès ; et les seules taches que l'on découvre dans ses compositions, le besoin de briller et le désir d'arracher des « ah ! » et des « oh ! » à la bouche des belles dames, les a peut-être introduites dans ses créations. Chopin aimait cette atmosphère, aujourd'hui dissipée, des salons mondains. Comme les gens qui se parfument, et qui ont besoin de toujours augmenter la dose des senteurs, il se plaisait parmi les compliments musqués et les jolis sourires ; or, la bouche des belles dames est bonne pour toutes sortes de choses, hormis pour verser à l'artiste l'inspiration originale et les vérités nécessaires.

Autre preuve de son succès : il fut l'amant de George Sand. La dame aux amours « maternelles » accueillit ce nouvel enfant. Elle le fit un peu souffrir, comme les autres ; elle le garda plus longtemps. Elle l'emmenait aux Baléares. Elle le recevait à Nohant. Un soir d'été, comme Chopin se sentait inspiré, toutes les lumières furent éteintes, et il se mit à jouer dans le salon plein de nuit, où George Sand l'écoutait, assise sur un grand sofa, en compagnie d'Eugène Delacroix. Les mélodies se déroulaient dans la nuit chaude ; tout à coup, on entendit la voix rugueuse de Delacroix qui s'élevait à la fin d'un morceau : « Ah ! soupirait le maître, ah ! quelles délices ! Écouter du Chopin, auprès de Mme Sand... dans l'obscurité ! »

III

La panade poivrée de Mme Sand nourrit Chopin durant huit années. Et ce fut, comme les fadeurs mondaines, une rançon de son triomphe.

Cependant, la flamme et la fougue qu'il dépensait dans ses ouvrages, ce lyrisme brûlant, ces cris et ces appels de la Pologne martyre, ces bruits de bataille, ces sanglots d'amour extatique ou de désespoir, et chaque impression de la vie, chaque frémissement de douleur ou de beauté retentissant sur des nerfs sans cesse tendus, tout cela l'épuisait. La consomption le dévora, lentement, sans répit.

Mourant, il travaillait encore. Libéré de Mme Sand, qui ne vint pas à son chevet d'agonie, retenue « par les répétitions d'un drame », il avait accumulé des chefs-d'œuvre. Son ancienne maîtresse lui décernait comme épitaphe, huit ans après qu'il fut mort, cette formule fabuleuse : « Un jour viendra où l'on orchestrera sa musique sans rien changer à sa partition de piano (1). »

Enfin, la mort venait. Il voulut, au moment suprême, entendre encore ces harmonies dont il avait vécu, autant que de l'air et du ciel. Le 15 octobre 1849, comme il venait de dire : « Maintenant, j'entre en agonie », la comtesse Delphine Potocka parut à son chevet, et il la pria de chanter. Refoulant ses larmes, l'ardente artiste entonna d'une voix vibrante l'hymne de *Stradella*. Chopin la pria de le redire encore. La comtesse reprit un psaume de Marcello. Les assistants

---

(1) *Histoire de ma vie*, 1856, X, 195.

s'agenouillèrent, et lorsque les dernières notes eurent résonné dans la chambre, le prêtre entra, portant l'Extrême-Onction.

Ainsi, dans ses heures dernières, Frédéric Chopin demeura fidèle au double culte de sa vie, puisqu'il fut consolé, jusqu'au bout, par la foi chrétienne et par une voix polonaise, par sa croyance et sa patrie.

FRÉDÉRIC CHOPIN

Il est certain désormais que Frédéric Chopin naquit en 1810. Jusqu'à ces dernières années, et même sur les portraits peints pour sa famille et conservés par elle, la date du 1er mars 1809 était tenue pour celle de sa naissance. Mais on a retrouvé, publié, dans les *Souvenirs inédits* que l'on doit à M. Karlowicz, l'acte de naissance authentique. On y peut voir qu' « en l'an mil huit cent dix, le vingt-trois du mois d'avril, à trois heures de l'après-midi, devant nous, curé de Brochow, etc., s'est présenté Nicolas Chopyn (*sic*) père, âgé de quarante ans, domicilié au village de Zelazowa-Wola, qui nous a présenté un enfant du sexe masculin, né dans sa maison le vingt-deux février, à six heures du soir... déclarant que son désir est de lui donner deux prénoms : Frédéric François. » On ne déclarait pas bien vite les nouveau-nés, dans ce pays et dans ce temps-là !

Cette maison de Zelazowa-Wola, mentionnée

dans l'acte, est située sur un petit bien, à six lieues de Varsovie. C'est une de ces bâtisses campagnardes, sans étage, qui s'allongent en rez-de-chaussée et sont si agréables durant la bonne saison, car on y semble de plain-pied avec le verger et les fleurs ; et, s'il y a du bétail à la ferme, on peut s'éveiller en voyant la tête d'une génisse ou les sabots d'une chèvre dans l'embrasure de sa fenêtre.

« Je suis un vrai Mazovien, » écrira quelque jour Frédéric Chopin. Et cet amour de la terre natale, dont sa naissance le faisait si proche, ce sera la plus forte et la plus constante inspiration de son œuvre. C'est le caractère que tous, disciples, critiques, interprètes, s'accordent à en dégager de plus en plus. Il ne faut point oublier que le père, Nicolas, venait de Lorraine, et cette élégance, l'amour de la sobre et ferme beauté, la passion, toutes ces vertus primordiales de l'artiste, on peut croire que Frédéric Chopin les a reçues d'une origine qui l'enracinait au pays de Callot et de Claude Gelée, les Lorrains. D'ailleurs, par le roi Stanislas Leczinski, la culture lorraine, les traditions raffinées de Nancy, et, par le roi Stanislas-Auguste Poniatowski, les idées de Paris et les élégances du salon Geoffrin s'étaient échangées avec la fougue voluptueuse et le lyrisme de Pologne. Varsovie, au temps où Chopin y prenait conscience de lui-même, était un vrai pays d'artiste.

Il y fut compris tout de suite. Et par l'honneur

d'avoir donné au nouvel artiste une enfance, une adolescence favorisées et comblées, la Pologne est digne de le fêter par-dessus tous. Son excellent maître Elsner, qui ne lui trouvait point assez d'amour-propre, — il avait raison, l'artiste n'en a jamais trop, jamais assez pour résister aux philistins ! — Elsner le comprit à merveille, puisqu'il écrivait : « Frédéric a tiré de son sol natal cette originalité, le rythme, qui le rend d'autant plus original et caractéristique que ses pensées sont plus nobles. »

Une mélodie populaire, sublimée par un noble génie, c'est bien, en effet, le meilleur de Chopin. Chose inouïe, sa propre famille même le comprit : « Continue, lui écrit son père, à pousser les Zoïles à bout, en leur prouvant que les arts n'ont pas de limites. » C'est en revoyant cette brave famille, aux meilleures qualités de Pologne et de France, c'est en lui rouvrant les bras à Carlsbad, que Chopin s'écriait, transporté de joie : « Voilà qu'il est réalisé, ce bonheur, ce bonheur, ce bonheur ! » Ses sœurs l'adoraient à tel point que l'une d'elles lui dira naïvement : « Combien il est agréable de regarder ces notes écrites par toi, qui renferment une des âmes les plus chères à tes parents ! »

Il ne revit jamais sa terre de Pologne, après qu'il l'eut quittée pour la France, en prenant avec lui la coupe pleine jusqu'aux bords de terre polonaise. Mais il la gardait dans son cœur, cette patrie d'autant plus chère qu'elle était mutilée, brisée, martyrisée. Sous l'apparence du dandysme, l'ardente foi dans la patrie brûlait en lui; c'est ainsi qu'en toute son œuvre, et surtout dans les créations les plus éclatantes, on sent les appels aux revanches, les rugissements des vaincus, les cris des opprimés et les sanglots du désespoir.

Son père avait compris bien vite que Paris le tenait pour toujours. « Si cela continue, disait-il, te voilà Parisien à jamais. » Paris lui donna le succès, la fortune; et l'on voudrait croire qu'il y trouva l'amour, si l'on ne savait quelle plaie lui laissait au cœur le regret de sa fiancée polonaise, cette Marie Wodzynska que la richesse de la famille avait enlevée à son espérance. Les souvenirs d'amour eux-mêmes se confondirent en cette âme, avec le regret du pays perdu. La Pologne et Marie Wodzynska le laissaient tout saignant; alors, Mme George Sand apparut, « maternelle ».

C'est chez la comtesse d'Agoult que Chopin la vit pour la première fois, dans une auberge. « J'ai fait, disait-il, connaissance d'une grande gloire, de Mme Sand. Mais son visage est antipathique, repoussant... Est-ce vraiment une femme ? » Il put s'en assurer très vite; car son journal contient, collé sur une page, un petit papier jaune où l'écriture si virile de Lélia traçait ces mots : « On vous adore ! George. »

Et on l'emmenait à Nohant, à Majorque. Mais, dans tous ces asiles, Chopin exaltait sa souffrance et gardait en lui le trésor de ses impressions, des inspirations « spontanées, miraculeuses », qu'il devait à la Pologne. Il stupéfiait la « merlette lettrée » par la furieuse minutie de son travail; il s'enfermait, brisait ses plumes, pleurait, vivait et mourait de son art, tandis que coulait près de lui la prose de *Lucrezia Floriani*.

Mme Sand, qui terminait un roman à minuit vingt-cinq et en commençait un autre à minuit trente, demeurait stupide en face de cet être étrange, de ce génie vrai; il lui inspirait la terreur bizarre que le rossignol, mourant de reprendre son chant, donnerait à un canari. Il lui faisait même oublier sa langue, puisqu'elle écrivait : « D'un autre côté, Chopin m'accordait, et je peux dire m'honorait d'un genre d'amitié qui fait exception dans sa vie (1). » Ce qui est peut-être bien du berrichon, mais, à coup sûr, n'a jamais été du français.

Mais qu'importent tous ces hasards? Même l'erreur et la folie, même la souffrance et le mal servent à l'œuvre, quand l'artiste a le don sacré. Schumann, dont l'admirable gloire s'augmente encore d'avoir tant aimé, si bien compris Chopin, s'écriait un jour : « Ah ! nous apprendrions d'effroyables choses, si nous pouvions voir dans toutes les œuvres jusqu'au fond de leur création. » Et cette voix de Schumann, la voix de la vieille Allemagne, de la vraie, — de celle qui est morte !

(1) *Histoire de ma vie*, X, XIII, p. 233.

— proclamait encore : « Chopin était armé d'une connaissance approfondie de son art, dans toute la conscience de sa force, lorsque s'éleva la grande voix du peuple. Le sort fit mieux encore. Pour le rendre plus intéressant, il donnait à Chopin une puissante et originale nationalité. Il en fit un Polonais. Heureusement pour lui, l'Allemagne l'accueillit avec froideur ; son génie l'emporta vers une des capitales du monde où il put librement souffrir et créer... Toutes les premières œuvres de Chopin portent ce caractère aigu de *nationalisme*. Le Sarmate tout entier éclate dans sa hautaine originalité. »

Souffrir, créer, être hautain, voilà les lois du grand artiste. Les derniers accords que Frédéric Chopin frappa, de ses mains amaigries, sur ce clavier qu'il avait anobli, résonnèrent au Guildhall de Londres, et c'était pour secourir les réfugiés polonais. Mais il y avait un grand bal dans la salle voisine, personne n'entendit, personne ne parla de l'artiste.

C'est le destin ordinaire ; il y a toujours « un bal dans la salle voisine » dans ce cas-là. L'essentiel, c'est que, suivant la formule de Schumann « chacun cherche en Chopin ce qui lui convient, et que seul le bourgeois, le philistin, n'y trouve rien ». Les bals du philistin finissent, et alors l'univers entier entend résonner dans les œuvres d'un Frédéric Chopin l'âme de la Pologne et le vieux génie de la France.

ROBERT SCHUMANN

On dit que l'artiste sans pair, dont l'Allemagne va fêter le centenaire, hésita, certain jour, entre la musique et la poésie. Pour sa gloire, et pour notre bonheur, il choisit la musique ; mais cette hésitation même semble marquer le caractère particulier à l'art de Schumann. L'homme qui proclamait : « Rien de grand ne s'accomplit dans l'art sans enthousiasme, » était tout enflammé de ce lyrisme poétique, de cette ardeur à s'épancher, à se plaindre ou à se consoler dans son œuvre, qui lui attire et qui retient auprès de lui tant de sympathies passionnées.

Trop altier et trop ingénu pour être vaniteux, Schumann sentait pourtant sa force et disait : « Je suis sûr, sans me vanter, que j'ai une puissance créatrice. » Cette puissance, il la devait à son amour pour celle qui devint sa femme, pour Clara Wieck, sa plus merveilleuse interprète : « Elle est mon unique inspiration, » redisait-il, au temps qu'il produisait, en une seule année, une centaine de *lieder*, ces pages qui forment la fleur et le joyau de son génie.

Et c'est ainsi qu'entre les épigones de Beethoven, il fut celui qui continua le plus puissamment cette expansion de soi-même que le maître prodigieux avait introduite dans l'art musical. Les techniciens d'aujourd'hui reprochent à Schumann de se laisser guider par le seul sentiment, d'écrire trop vite, sans base solide, et qu'un tel système de travail ne suffit qu'à des pièces courtes. Un profane, qui admire *Faust* et se plaît à *Manfred*, écoute en silence des arrêts motivés. Tout au plus il continuera de se plaire à *Manfred* et d'admirer *Faust*.

Mais ce ne serait déjà pas une si mince gloire que d'avoir excellé dans les pièces courtes. Chacun de nous peut désirer se survivre dans une simple chanson ; rien n'est peut-être plus solide et plus rare. Or, dans l'Allemagne, personne ne sut recueillir et créer à nouveau, mieux que Robert Schumann, ce qu'il appelait lui-même « l'obscur mélange des *lieder* suprêmes qui se pressent en foule au-dessus de nous, et qui sont la création tout entière, aux lois éternelles ».

La musique et la poésie s'incorporent dans son effusion lyrique, et à tel point qu'il a créé, si l'on peut dire, l'impressionnisme musical. Par là, il est très grand. Quel est l'art où ne règne pas, comme souverain élément, l'impression ; et quel est celui qui ne gagne pas à transmettre l'impression originaire, directe, ingénue ? Il ne faudrait pas nous presser beaucoup pour nous faire confesser que la critique même n'a de valeur que dans l'impressionnisme.

Seulement, pour créer ainsi, il faut être très fort et savoir se tenir debout sans le pal d'une théorie, marcher sans les lourdes et commodes béquilles des idées toutes faites. Il faut, encore, une exemplaire probité. Il faut, enfin, sacrifier toute sa force intellectuelle, physique, et risquer le martyre. Aussi n'a-t-on guère à redouter que de tels exemples soient féconds.

Schumann, dans l'étrange destin que recouvrent les apparences ordonnées de sa vie, sentait le danger et le bravait. On peut dire qu'il surveilla la genèse de sa folie. Lui qui poussa l'amour de l'inconnu jusques à l'occultisme le plus fervent, lui qui dédia ses cris d'amour, composés pour sa fiancée, à la mémoire de Kreisler, le maître de chapelle qu'un Hoffmann fait mourir dément, il a **tout** osé, tout connu, et, quand la mort le prit, à quarante-six ans, ses amis auraient pu dire, comme **les** quatre enfants autour du cercueil, dans son *Requiem de Mignon* : « Nous vous amenons un compagnon fatigué ! » Cette fatigue, il la sentit ; **cette** mort lente, il la bravait. Comme celle dont **un** autre lyrique a célébré la fin,

Il regardait aussi la Malibran mourir !

C'est ainsi qu'il a mérité de confondre sa renommée avec celle de Henri Heine, lui qui se plaisait à répéter : « Un véritable maître n'attire à lui nul élève, mais d'autres maîtres ! »

Sans doute, le destin de Heine, crucifié dans son cercueil de matelas, semble plus cruel. Mais quand on réfléchit à ces deux agonies lucides, on ne trouve pas moins sinistre, certes, celle d'un Schumann, qui lui donnait le droit d'écrire : « Que l'artiste s'enferme donc, quand il est en travail d'une œuvre ; nous apprendrions d'effroyables choses si nous pouvions, pour toutes les œuvres, voir jusqu'au fond de leur genèse. »

Il maniait cette forme suprême des émotions humaines qu'est la musique, plus universelle, de par son essence même, et plus flexible, de par sa forme, à toutes les impressions de l'humanité tout entière. Et il s'absorbait en elle, morne souvent, taciturne, fanatique de silence et de solitude, si bien que le génie brillant d'un Richard Wagner l'excédait, et qu'il restait exaspéré, après l'avoir ouï parler deux heures durant, sans rien dire lui-même. Il cachait, pourtant, jusque dans son style littéraire, cette allégresse qui éclate si souvent dans sa musique. Ses écrits de critique sont moins connus chez nous, malgré des traductions excellentes ; pourtant la langue en est charmante, dans sa probité simple, et dans sa bonne humeur et sa fantaisie. Taine, dans son *Graindorge*, a célébré la valeur grande du petit traité sur l'*Art du piano*, traduit par Liszt. Le reste n'est pas moins parfait et moins rare. En bon ami de Heine, ce Saxon avait de l'esprit dans son génie. Il a des trouvailles, lorsqu'il parle d'un « beau et frais morceau de musique », lorsqu'il prophétise le temps où l'on verra paraître des « études de violon pour le piano » ; ses boutades mériteraient de rester célèbres ; en louant Berlioz de son mieux, il lui arrive de l'appeler « un bacchant, un aventurier musical ». A-t-on jamais mieux défini le roman de Walter Scott qu'en parlant de « son ennui si plein de charme » ?

« Ciel ! s'écriait Schumann, quand viendra-t-il enfin, le temps où l'on ne nous demandera plus ce que nous avons voulu faire avec nos idéales compositions ? Cherchez les quintes, et laissez-nous la paix ! » Et il faisait de la critique intelligente, il prêchait le respect de l'art et de soi-même, le mépris de la mode, l'écrasement des médiocres et des malins ; il protestait qu'il vaut infiniment mieux se reposer à ne rien faire que de travailler sans élan, d'augmenter la masse exécrable des œuvres faites pour l'argent et la gloriole. Il conseillait de choisir ses camarades parmi ceux dont le talent est supérieur au vôtre, et de se promener beaucoup dans la campagne. Pour répandre ces maximes, il fondait la société des Compagnons de David, qui devaient exterminer ce Goliath, le « Philistin » gonflé de sottise. Et il composait une *Marche* pour cette compagnie d'ouvriers lyriques, lesquels prétendaient être « des hommes pour de bon », et prenaient pour devise : « Nature, nature, nature ! »

Il espérait beaucoup de l'avenir : « Bien des choses, écrivait-il, ne vous paraîtront claires que dans l'âge mûr. » Il connut à peine l'âge mûr ; il n'en a guère vu l'horrible clarté, la lumière froide et funeste, qui montre la vie comme elle est, et la mort telle qu'elle sera. L'âme candide et frémissante de l'Allemagne romantique lui avait inspiré ses œuvres, et elle avait usé son corps. Un autre musicien, celui dont le génie étincelant l'exaspérait, devait sonner la marche triomphale à cette Allemagne nouvelle, que Schumann eut la fortune de ne point voir « morte en sa victoire même, au sépulcre de fer où un État slave, la Prusse, l'a inhumée ».

Que dirait-il s'il découvrait, avec son regard si limpide, ce temps-ci, temps des hommes faciles, des femmes faciles, des arts faciles ? Lui qui aimait à répéter : « Il est bien certain que la plus haute marque d'honneur, comme la véritable preuve de reconnaissance pour les grands hommes morts, qu'on a aimés, c'est de continuer à agir suivant leur esprit », sans doute il trouverait qu'un tel hommage fait défaut à son œuvre et à sa mémoire, dans le pays qu'il aimait tant, et dont il a si bien fait chanter l'âme, alors ingénue et grande.

TÊTE DE SIRE

La tête de cire est dans notre musée à Lille ; et ce qu'on peut appeler, par un jeu de lettres bien digne du sujet et de l'objet, la « tête de sire » appartient à l'illustre musée de Berlin. Cette œuvre mérite ce nom, depuis que l'auguste bienveillance de S. M. l'empereur et roi daigna s'étendre sur elle ; déclaré authentique, par ordre, et sans appel, le buste de femme acheté par M. le docteur Wilhelm Bode est, nous affirme-t-on, un Léonard de Vinci ; Léonard de vainqueurs, aurait murmuré le Chat-Noir au temps épique où il créait des académiciens.

Pour nous, humbles sujets d'une république parlementaire, nous n'oserions marcher sur les brisées d'un souverain. La critique d'art impériale nous inspire un respect profond ; heureux les peuples où la voix d'en haut peut résoudre d'un mot les questions les plus embrouillées ! Si nous avons la hardiesse de parler sur l'illustre achat du docteur Bode, après qu'un tel oracle l'a consacré, c'est que cette histoire-là peut inspirer diverses réflexions, salutaires et nécessaires.

Et d'abord, il serait indécent de triompher sur les incertitudes qui, malgré tout, demeurent et s'accroissent. En admettant le plus probable, c'est-à-dire que la dame en cire achetée si cher par Berlin n'est point une œuvre magistrale, et qu'elle n'est point non plus une œuvre toute moderne, on arrive, après examen des plus vastes photographies qu'aient reçues nos recueils d'art, à cette conclusion : Berlin s'est fait vendre très cher une machine médiocre, inspirée par un tableau d'école, et d'école italienne, c'est-à-dire par tout ce qu'on peut imaginer de plus lamentable ; les Italiens ont clamé que l'œuvre est fausse, et il paraît bien qu'ils ont raison, si l'on persiste à prononcer encore le nom du Vinci ; disons au reste que les mêmes juges auraient crié l'authenticité et défendu leur cire, dans le cas où elle leur eût appartenu.

Quoi qu'il en soit, l'affaire rappelle ce docteur Festus du bon Toppfer, qui fit la joie de notre enfance, et la fameuse acquisition des trois perruques : « Il conseilla au musée d'acheter cette rareté pour mille écus patagons... et le musée, qui était bonhomme comme un musée, l'acheta au comptant. »

Je ne sais point ce que valaient, depuis Candide, les écus patagons ; mais nous savons que le musée de Berlin a payé 175.000 marks, près de 220.000 francs, un chef-d'œuvre pour musée Tussaud. Et cette pensée nous est douce. Seulement, il serait étrange et inattendu de voir triompher là-dessus certains conservateurs d'ici, qui ont aidé à la tiare, et qui suivent la tradition de l'illustre Molinier-Christie, et qui conservent un musée où brilla quelque temps le buste fabriqué par Bastianini, sans compter un achat célèbre du brave Courajod, et certaine tête d'apôtre du treizième ou du dix-neuvième siècle, et tout le reste. Il n'est pas un musée d'Europe — je ne parlerai même pas du Nouveau-Monde — où le génie des faussaires et des truqueurs n'ait introduit des pièces fabriquées. Se moquer avec excès des autres, c'est donc, en ce cas, se moquer de soi-même.

Seulement, il faut dire que la mauvaise foi, l'astuce patiente et savante des fabricants en objets faux a pour complice inconscient le désir des conservateurs et leurs espérances démesurées. Ici, ces fonctionnaires agissent bien souvent, et dans la meilleure intention du monde, comme de simples amateurs. Or, avec la rage d'objets anciens qui nous possède, vous avez observé souvent ce que l'on aurait appelé naguère « la psychologie de l'amateur ». Il n'est pas excessif de dire que son état d'esprit est bien pour moitié dans les vols qu'il subit et dans les bévues qu'il commet. Non seulement l'amateur, le collectionneur encore un peu novice (et qui n'est novice, en face des rusés compères qui fabriquent et vendent?), non seulement l'acheteur écoute les fables qu'on lui débite et ferme les yeux sur ce qu'on lui exhibe, mais encore il arrive avec la passion de dénicher, coûte que coûte, un oiseau rare, c'est-à-dire dans les meilleures conditions pour être trompé.

Si l'amateur se double d'un savant, cela devient terrible. Et c'est tout justement par où il pécha si longtemps que M. le docteur Bode vient de se trouver pris et puni; je veux dire par sa croyance en son infaillibilité, et par la foi vraiment naïve qu'il conserve aux attributions trop illustres.

Infaillible, il est persuadé et on l'a persuadé qu'il l'est. En des livres que bourrent les plus ingénieuses et les plus audacieuses hypothèses, et jusque dans l'arrangement ou le dérangement qu'il a fait du *Cicerone,* composé par l'incomparable Jacob Burckhardt, le savant prussien montra des audaces bismarkiennes. Quel est le musée, l'abbaye ou le sanctuaire d'Italie où ce terrible homme n'ait laissé tomber ses sentences, qu'il considère sans appel, bousculant les attributions anciennes, ce qui serait peu, mais en imposant de nouvelles, ce dont il est parfois permis de sourire.

Je voudrais bien savoir, après tant de mois cruels et de lourdes années que j'ai passés dans les archives de là-bas, ce qui autorise, en dehors d'un texte formel, conservé près de l'œuvre, à se montrer aussi affirmatif? Et encore, les textes formels, on peut démontrer quelquefois qu'ils se contredisent l'un l'autre.

Au fond, est-ce qu'il vous importe beaucoup de savoir à qui l'on aurait le droit d'attribuer une œuvre? Est-elle belle, oui ou non, voilà, ce semble, la première question à décider. Quant à la baptiser, il faut agir avec prudence, avec circonspection même; sans cela, l'on peut être aisément soupçonné de jeter de la poudre aux yeux du public.

Sans doute, il est bien agréable à un conservateur de mettre sur un socle le nom de Léonard de Vinci. Mais qu'il prenne garde : nous avons autrefois connu, au Louvre, un fonctionnaire illustre, qui était un autre homme encore que M. Bode, puisqu'il unissait aux mérites de l'artiste et du critique un rare talent d'écrivain et une espèce de génie philosophique. Cet homme exquis et remarquable adorait la beauté; seulement, il a fait une collection. Et cette collection, je ne sais point s'il y aurait admis la tête de Berlin, mais je sais bien qu'elle laissait au visiteur une impression différente de celle qu'aurait espérée son trop vertueux propriétaire. La preuve est donc faite : pour lui-même, comme pour les collections publiques dont les intérêts lui sont confiés, le conservateur ne devrait accueillir ni les espérances excessives ni les hasards trop favorables. Il est des noms qu'il ne faut point prononcer sans la plus extrême terreur. Et devant cette ridicule guirlande, ce niais sourire, ces yeux écarquillés et mornes, qui donnent au soi-disant Léonard de cire un aspect de dame allemande parée pour une réception officielle, non, vraiment, on n'est point féru d'Italie au point de nommer justement le plus fameux des maîtres, et celui dont la sculpture nous est, hélas ! très mal connue.

Si donc cette aventure, ou cette mésaventure, peut donner au plus audacieux, au plus universel des juges officiels, une leçon de méfiance et de modestie, la riche Allemagne n'aura pas fait une affaire par trop mauvaise. Mais, en tout cas, nous ne saurions permettre à nos fonctionnaires, faillibles autant que les autres, et non moins sujets aux méprises, de proclamer trop bruyamment, à coups de grands mots et de « sources graphiques », un triomphe bien éphémère, dont demain nous apportera trop vite la revanche. La tiare aussi, messeigneurs, nous avons ses « sources graphiques », et bien d'autres « sources » encore !

Tout au plus ces messieurs de nos musées peuvent-ils invoquer à leur avantage éternel une circonstance atténuante; et c'est celle-ci, que le buste de cire, à Berlin, s'il n'est pas un pur et certain chef-d'œuvre, ne saurait servir à rien du tout, et que c'est de l'argent perdu; au lieu que le métal précieux dont est faite la tiare demeure à la France; et, d'ailleurs, ne pourrait-on faire servir cette coiffure à jamais illustre, et, dans les cérémonies officielles, en décorer le chef de M. le sous-secrétaire d'État aux Beaux-Arts, de M. le secrétaire perpétuel de l'Académie des Beaux Arts ou de M. le directeur de nos musées nationaux ? Peut-être même pourraient-ils la porter « alternativement », ainsi que les trois hommes d'*Hérodias* la tête de Iaokannan ?

CUISTRES

UN SAVANT ?...

I

Il n'est pas certain que la science italienne, où se sont rencontrés et où se rencontrent encore quelques vrais maîtres, porte bien longtemps le deuil de feu le professeur César Lombroso. Je ne saurais point oublier comment, et dans son pays même, à l'Institut supérieur de Florence, j'entendais juger un peu plus que sévèrement ce Cagliostro de la criminologie, ce Robert Houdin de la psychiâtrie. Et j'ai sous les yeux, bien présente, l'opinion formulée ici par l'un des plus qualifiés entre nos anthropologistes.

Nous n'aurions garde, cependant, de discuter et de juger l'œuvre du professeur César Lombroso, s'il s'était tenu dans l'ombre salutaire du laboratoire et s'il s'était contenté de la renommée modeste, et justifiée parfois, que l'on se voit décerner par ses confrères et par ses pairs. Mais il appartenait trop bien, et de trop bon cœur, au public et à la publicité, il prenait un trop grand plaisir à vulgariser, à répandre les contestables résultats d'études hâtives autant que voyantes, pour que son ombre ne soit pas heureuse qu'une voix profane ose dire un mot sur son œuvre.

Lorsque j'étudiais un prince criminel de la Renaissance, j'ai dû lire cette œuvre, grosse, sinon grande. Et, malgré les années de cours aux hôpitaux qui m'avaient accoutumé à bien des corvées, malgré le terrible fatras que mes travaux italiens m'avaient forcé de digérer, je ne crois pas avoir subi jamais épreuve plus pénible que la lecture de ces épais volumes. Non pas qu'ils fussent malaisés à entendre, ni compliqués, ni obscurs : mais j'y retrouvais, exagérés par une espèce de génie spécial à l'homme qui les écrivit et à la race dont cet homme était né, cet esprit de destruction prosaïque, cette vulgarité prolixe, cette absence de vraie méthode intellectuelle et scientifique, trop souvent commune aux psychiâtres de tous pays, mais qui, privilège néfaste de cette science balbutiante, était ici portée jusqu'à l'absurde. Les bourdes scientifiques d'un Lombroso sont si célèbres qu'il serait banal de les ressasser encore. Elles ont alimenté jusqu'aux échos des journaux. Mais ce qu'il faut faire sentir, c'est l'influence néfaste de pareilles théories, et aussi la base fragile, caduque, déjà ruineuse, sur laquelle on les échafaude.

II

L'homme même m'est inconnu personnellement. J'ai bien vu passer à travers Turin, comme tout le monde, cette figure de vieux douanier qui lui était commune avec tant d'autres professeurs italiens dans sa génération. Mais il appartenait à un monde que l'on voit peu, à une société médiocrement recherchée par l'étranger qui vient de France. Il est d'autant plus facile de parler équitablement.

Les deux théories qui, parmi de nombreux essais, ont fait le plus de bruit, c'est celle du criminel et celle de l'homme de génie. Dans la première, il y a une prétention constante : le professeur croit établir par des stigmates extérieurs un diagnostic infaillible de la criminalité. Ce qu'il fit de faux pas sur pareille route, c'est aux savants de le redire. Mais on voit assez où prétend une telle science : si le crime est fatalement déterminé par ce que le professeur croit fixer de la structure spéciale au criminel, il s'ensuit que le malfaiteur est un malade. Et alors on appellera la pitié sur lui. La société se détruit par la base : l'esprit oriental est satisfait, l'esprit latin est corrompu. C'est la méthode constante.

Et c'est ainsi que ce métèque ose écrire d'un Italien entre tous illustre dans la criminologie véritable et philosophique, « qu'il était frappé d'hystéro-épilepsie, souvent halluciné, souvent perverti jusqu'à la folie morale dans le sentiment, et jusques à l'infantilisme et à l'imbécillité dans l'intelligence ». Oui, voilà comment un César Lombroso juge un César Beccaria (1). Après cela, nous avons peut-être, nous autres, le droit de parler sur César Lombroso.

Un juste oubli s'étendra sans doute sur ces tomes épais, compliqués d'atlas. Mais, souvent, l'œuvre morte, le poison qu'elle a distillé reste et agit. Il convient de dire qu'une telle œuvre, attaquée et battue en brèche dans ses prémisses, ses méthodes, ses éléments et ses conclusions, est caduque aussi par cela seul qu'elle omet brutalement tout ce qui constitue la science, je veux dire les nuances, les tâtonnements, les réserves, le sens des inconnues à dégager, le tact de cette psychologie délicate qui sait se pencher avec respect sur les phénomènes inconscients et crépusculaires, retient ses conclusions, ne parle point quand elle ne croit pas encore tout savoir, et garde la perpétuelle inquiétude de l'inconnu qui nous entoure, nous pénètre et nous constitue.

Que si les idées d'un Lombroso se propageaient, il est peut-être un moyen d'en atténuer l'effet. Ne peut-on accepter, à la rigueur, son criminel comme un malade, mais dire alors qu'il est atteint d'une

---

(1) Revue l'*Emporium*, v. 258. La *Folie de Beccaria*.

maladie relevant d'une chirurgie spéciale, et pour laquelle le remède unique, c'est la section des vertèbres cervicales ?

III

Ayant ébranlé l'ordre social par le bas et justifié les monstres inférieurs, il appartenait à l'esprit de négation et de bas déterminisme de frapper en haut, et de rabaisser le monstre supérieur, c'est-à-dire le génie. L'homme criminel est un malade, l'homme de génie en est un autre. C'est un fou. Maxime bien chère aux médiocres, et qui console Homais et Charles Bovary, Gaudissart, Prudhomme et consorts.

Ah ! sans doute, Taine a écrit, après Flaubert : « Pour avoir une idée de l'homme et de la vie, il faut être allé soi-même jusqu'au bord du suicide, ou jusqu'au seuil de la folie, au moins une fois. » Mais ce seuil-là, si le génie y pose le pied quelque jour, c'est pour le dépasser, et pour s'élever à des régions qui sont fermées aux professeurs César Lombroso.

Prétendre que l'orchidée est plus anormale que le radis, parce qu'elle pousse dans un sol aux miasmes délétères, c'est aussi vrai que d'assimiler aux aliénés un Schiller parce qu'il préfère l'odeur des pommes pourries, ou un Wagner parce qu'il grimpe aux arbres, à l'âge de cinquante-deux ans, et se plaît à escalader les balcons d'un premier étage. Même l'illustre La Palisse aurait su reconnaître et proclamer que le génie, que le talent, qu'une valeur intellectuelle, morale, artistique, d'élite, ne va pas sans des caractères spéciaux et originaux. Mais La Palisse, qui savait son monde, n'assimilait pas, à grand renfort de considérations prudhommesques, les caractères du génie avec ceux des basses névroses. S'il ne savait pas distinguer et critiquer, il conservait du moins ce grand mérite de se taire. Et il savait respecter ce qui le surpassait. Ceux qu'un Lombroso nomme « anormaux ou paranoïques », il les appelait des héros et des saints. Tenons-nous en à ces noms-là !

IV

Vraiment, nous nous laissons trop prendre, Parisiens de Paris, Français de France, à ces renommées d'importation. Pourquoi Lombroso nous est-il plus vénérable que Mortillet, que Letourneau, que Topinard ? Guérissons donc cette faiblesse. Voyez : qu'un historien arrive, parent, disciple de Lombroso, et nous retape sans pudeur, à la mode piémontaise, les anciennes redingotes surannées de M. Théodore Mommsen ou de M. Ernest Renan, qu'il inflige en piémontais, dans le pays de Montesquieu, ses leçons d'histoire romaine à Tacite, ou à Suétone, on ira l'entendre, on voudra le lire, on traduira ses livres. De même, on a traduit Lombroso. Et, cependant, ces œuvres-là, c'est à la science vraie, auguste, éternelle et sacrée, exactement ce que les plâtres vendus sur les ponts de Paris par les petits Italiens sont à la sculpture et à l'art.

JOSUÉ CARDUCCI
OU LE POÈTE-PROFESSEUR

Si les intentions officielles n'ont point changé — et pourquoi changeraient-elles ? — depuis juillet dernier, voici que nous allons voir célébrer en Sorbonne feu Josué Carducci, poète illustre en Italie, et professeur émérite à l'Université de Bologne. Nous applaudirons à cette fête, pourvu que nulle méprise ne vienne égarer l'opinion en France : car il doit être bien entendu qu'on verra célébrer ce jour-là un poète-professeur d'Italie, par des professeurs français et leurs invités.

Nous n'avons point, ici, malgré la place étrange que les professeurs ont tenue, naguère encore, parmi nous, de poète-professeur. Il y eut bien autrefois M. de Chênedollé, après lui M. Victor de Laprade, enfin M. Eugène Manuel ; mais c'étaient là héros modestes, dont ce n'est, je crois, guère offenser les ombres que de dire leur gloire défunte, essentiellement viagère. Avec un Josué Carducci, la figure est plus haute, plus ample; et la renommée veut s'étendre jusqu'à l'éternel et à l'universel. Voyons si, de notre point de vue français, une telle ambition peut se justifier.

Il existe, dans l'Italie, deux espèces de professeurs, tout au moins parmi ceux qui se font connaître, écrivent, publient et ne se contentent point d'être d'estimables et obscurs fonctionnaires. L'une des espèces est basse, telle que nous n'en connaissons, par bonheur, aucune tout à fait semblable, dans notre pays; disciples de la médiocre Allemagne, haineux envers la France, fermés à toute idée, rebelles à tout talent, ces messieurs-là croient que l'on épluche les œuvres littéraires comme un macaque dépiaute une noix verte; tapis et coassant au fond d'innommables revues, ils promènent le rayon court de leurs lunettes sur les livres, et ils reprennent les auteurs, à coups de textes falsifiés ou de phrases mal entendues, avec une aigreur imbécile et une jalousie stérile. C'est de ceux-là que le vieux Flaubert aurait pu dire : « On fait de la critique quand on ne peut faire de l'art, de même qu'on se fait mouchard quand on ne peut pas être soldat (1)! » Leur gallophobie nous fait rire; et l'on ne s'inquiète pas d'eux, qui grouillent surtout dans Turin ou dans Naples; l'habitant du cinquième étage

---

(1) *Correspondance*, I, 182.

s'occupe-t-il de savoir si le roquet de la rue a levé la patte le long de sa maison ?

A l'autre extrémité du corps enseignant, tout en haut de l'échelle sociale, égaux des meilleurs, et siégeant parmi les plus renommés, il y a les professeurs de l'autre espèce, les vrais maîtres. Les del Lungo, les d'Ancona, pour ne citer que les patriarches, sont l'honneur de leur nation, et seraient l'honneur de toute autre; c'est parmi ceux-là que régnait Josué Carducci, critique fougueux et parfois profond, orateur éclatant, prosateur coloré, poète excellent. Grand poète? ce n'est pas sûr.

Pour saisir ces rapports nouveaux des choses, pour éprouver ces impressions intenses, ces sentiments universels, pour trouver ces expressions tout ensemble nouvelles et définitives, qui forment la rare, la vraie et l'éternelle poésie, il n'est peut-être aucun métier qui soit funeste autant que l'est le métier de professeur. Si brûlant que soit un esprit, si brusques et si décidées que soient ses allures, il doit tempérer sa flamme et régler son pas, s'il revêt l'uniforme d'un professeur. Carducci, dans une pièce célèbre, s'est dépeint lui-même chevauchant le « destrier alezan » de la poésie. Mais il se trompe; il enfourcha le bon roussin de de l'humanisme; et le meilleur des pédagogues aura beau faire les grands bras : on ne monte jamais Pégase en redingote de professeur.

Il est facile de comprendre pourquoi : le professeur n'a rien de l'ingénuité sacrée qui fait le poète. Il travaille à des œuvres trop étrangères, il exerce son intelligence à des exercices trop hostiles à la poésie; il est forcé de pérorer, et il est forcé de produire un effet immédiat sur des cerveaux mal formés, divers, incomplets. Et puis, il sait trop de choses, il a l'esprit trop encombré, il porte sur ses deux épaules l'amas redoutable des livres, il connaît trop bien ses « auteurs »; et, s'il a l'imagination ardente et déchaînée, ses idées couleront leur lave dans une forme trop classique, il ne pourra pas éviter les réminiscences d'antique, les imitations de morceaux choisis; son style sera bigarré de noms, d'allusions, d'apostrophes qu'il conviendra d'expliquer avec un commentaire. Les admirateurs, les adorateurs de Carducci, qui composèrent une anthologie de son œuvre, ont été forcés de coudre au texte du maître un long tissu d'explications. Défaut capital, l'emphase, une emphase à l'italienne, lui est naturelle; il s'exprime avec des raccourcis et des témérités d'expression forcées, excessives, si constamment surabondantes, qu'on n'y découvre même plus le procédé, tant il se trouve incorporé, et comme essentiel à ce style.

Même animée par des moyens factices, une imagination de cette nature demeure à mi-côte dans la poésie. Parmi les œuvres de Carducci, mainte et mainte peut prendre place dans un choix de poésies. Est-ce assez pour justifier un enthousiasme si lyrique, et pour placer ce bon émule des Parini, des Cavallotti, parmi les grands dieux littéraires?

La ville de Recanati l'a voulu mettre, certain jour, auprès de Jacques Leopardi. Ceci nous semble proprement un blasphème. Car Leopardi, c'est, depuis Dante, le poète qui a jeté sur la poésie d'Italie la lumière la plus intense. Égal à notre Musset, à notre Vigny, comment admettrait-il à ses côtés un émule d'Auguste Barbier ou de José-Maria de Hérédia? Laissons donc chacun à sa place; c'est déjà beau d'en avoir une.

Et puis, Molière n'a-t-il pas dit que « les emplois de feu demandent tout un homme »? Songez à l'œuvre accumulée par Carducci en dehors de la poésie, dans les emplois les plus hostiles à l'imagination. Pour sentir la différence d'un fonctionnaire lyrique à un écrivain qui reçoit directement l'impression, comparez — c'est un jeu favori de professeurs — l'*Ode sur le Cinq Mai* de Manzoni avec celle de Carducci sur la *Mort de Napoléon-Eugène* (c'est-à-dire du prince impérial). Et vous m'en direz des nouvelles.

Le professeur ne marche pas librement sur tous les chemins. Et nous l'avons vu vers la fin, dans le crépuscule sénile, incliner, sur la main royale qui soutenait la Triplice, l'Italie garibaldienne prosternée en sa personne. Mais cela, c'est affaire de famille. Et si les Italiens l'approuvèrent, nous n'avons rien à leur en dire.

Retenons seulement ceci, qui serait la leçon littéraire et morale à prendre dans cette fête internationale : il est des emplois délicats et des rôles très malaisés à tenir ; pour ceux-là, pour en être dignes, il faut faire des sacrifices. Ce n'est pas en menant la vie, comblée d'honneurs momentanés, encombrée de tâches quelconques, où se plaît et où s'éternise le meilleur des fonctionnaires, que l'on atteint certains mérites et que l'on crée certaines œuvres. Le professeur devrait relire l'apologue de la grenouille et du bœuf.

Il fait des élèves ; et Carducci spécialement a fait des disciples merveilleux. Pascoli, et dix autres, le continuent et le monnoyent. Où est l'élève d'un vrai maître, d'un poète souverain ? Le grand écrivain, comme le grand artiste, n'a pas d'aides de camp ; il va seul « comme un bourreau », ou comme un dieu. Voyez-vous Gœthe ou Henri Heine, Victor Hugo ou Shelley, faisant école immédiate, directe ? L'idée est bouffonne.

On ne saurait avoir tous les avantages en ce bas monde. Un certain idéal échappe aux professeurs, je n'ose dire il les dépasse. Ce n'est ni dans l'admiration des disciples ni dans le train régulier d'une carrière brillante aux yeux des philistins que l'inspiration vient naître. Un bohème, le plus cynique et le plus inconscient de tous, que nous avons tous vu traîner partout et comme il lui plaisait, un Verlaine, dépenaillé, sordide, sur un chiffon de papier pris à l'hôpital, écrira parfois une chanson nouvelle et une immortelle chanson. C'est une question de savoir si le plus illustre des maîtres, qui fut un professeur insigne, sénateur littéraire du royaume italien, a trouvé même une de ces chansons-là. Sans parler, bien entendu, d'œuvres éternelles et dont le nom seul serait écrasant et le voisinage cruel pour la poésie de Carducci.

Irréguliers, mes frères, consolez-vous de n'être rien qui rime en « istre » ni en « eur ». La célébrité n'est pas la gloire, les fonctions ne sont pas le talent, le titre ne confère point les dons divins. Et nous n'avons guère besoin de professeurs italiens pour peupler notre Olympe : nous en avons assez ici, d'indigènes et d'admirables…

La Bruyère — je cite mes auteurs, puisqu'il s'agit de professeurs ! — La Bruyère parle quelque part « des avantages qu'on retire parfois de l'irrégularité ». Maintenons bien ferme que la poésie, le talent et le génie sont de ceux-là. Aussi ne convient-il pas que l'on veuille nous faire prendre des vessies pour des lanternes, et ce Josué pour un soleil (1).

---

(1) Cet article m'a valu, comme je m'y attendais bien, les injures de toute la presse italienne. Il convient donc d'ajouter que ce Carducci fut sifflé par ses étudiants, en 1891, à Bologne pour excès de gallophobie. (V. D'ANCONA et BACCI, *Manuale della lett. it.*, t. VI.) Les Italiens m'ont traité « d'âne français ». J'accepte avec joie ce nom-là ; car je préfère porter sur le dos la croix de Notre-Seigneur, plutôt que sur la poitrine telles autres croix, celle de Savoie par exemple.

LE COMTE DE CAVOUR

Turin fête en ce moment-ci le centenaire de Cavour. Jamais hommage ne fut mieux mérité. Le Piémont doit tout à Cavour. C'est peut-être une question de savoir si, malgré toutes les apparences, le reste de l'Italie doit autant de reconnaissance au maître politique ; mais Turin, mais la royauté nouvelle n'ont point de plus grand homme et de champion plus admirable.

Le comte Camille Bens de Cavour, cadet d'une famille où le père était chambellan du prince Camille Borghèse, eut pour parrains, le 13 août 1810, ce beau-frère de Napoléon Ier et la belle princesse Pauline. On dit que parmi ses ancêtres il était en droit de compter saint François de Sales. Dès ses premières années, il montrait le génie pratique dont fut faite sa gloire entière. Noble, et page du roi, il rejetait ce qu'il appelait « une livrée ». Officier du génie, son esprit indiscipliné le faisait reléguer au fort de Bard, dans la rude montagne, et l'on fait voir encore, au bord de la Doire torrentueuse, la pierre de Cavour, une grosse roche où il s'asseyait vers le soir, pour rêver à son avenir, à l'avenir de son pays, devant ces flots venus des Alpes et qui descendaient en grondant vers les plaines italiennes.

Les sciences exactes, la pratique de l'agriculture et des affaires formaient cette souple, puissante et audacieuse intelligence. Un homme d'affaires, attentif à profiter de toutes choses, à user de tous les moyens, à calculer exactement toutes les chances de succès et à provoquer toutes les sympathies utiles, telle est l'image que nous garde le plus fidèle de ses portraits : le regard est bigle et rusé sous les petites lunettes, les lèvres minces, l'attitude ferme et d'une simplicité froide. Une tête de procureur, d'avoué, de juge matois. Sur cette figure bourgeoise, l'énergie est concentrée dans la bouche; le génie est dans les petits yeux durs et perçants. A l'école de l'Angleterre, cet homme avait appris à peser les gens et les choses; chez notre ministre, le baron de Barante, auprès d'un jeune attaché qui s'appelait le comte d'Haussonville et pouvait parler avec lui de ses parents genevois, il connaissait la salubre atmosphère de la France libérale ; une grande amitié, un grand amour, tous deux tranchés par la mort, lui avaient laissé les blessures nécessaires pour bien connaître et mépriser assez la vie. Que pesait, devant un pareil homme, tel roitelet de son pays ? Que pèsera, surtout, le rêveur confus que la France se donnera pour empereur ?

Cavour a cette noblesse insigne d'avoir donné toute sa vie à son pays. Aussi, pour nous comme pour l'Italie, son rôle date du moment où il sait employer la France à la réalisation de l'unité italienne. Il a le bonheur de trouver un souverain pour qui cette Italie est, par tradition de race, une nation idéale. Lui, qui veut la nation réelle, manie le César idéaliste avec une astuce admirable. Les entretiens de Plombières produisent ce fait incontestable autant que fabuleux : un monarque constitutionnel, ayant Chambres et ministres, s'engage par des promesses clandestines avec le ministre d'une puissance étrangère. Dès lors, Cavour tient l'instrument des destinées italiennes. Les instruments accessoires, les héros révolutionnaires comme Mazzini ou Garibaldi, il n'a garde non plus de les négliger, si périlleux qu'ils soient. Parfois il sent tous les dangers de l'action, et il désespère, il va jusqu'au bord du suicide ; mais il se reprend, et il dit : « J'aime mieux mourir dans une mer de sang que de crever sur un fumier. » Paroles fortes, plus aisées à prononcer quand il s'agit, comme en ce cas, de verser le sang étranger.

Un garibaldien fameux avait coutume de dire, en ses vieux jours : « L'Italie refaite à la manière de Mazzini aurait été plus belle, mais il n'eût pas été possible de la refaire sinon comme elle a été refaite. »

Ce fut cette intuition juste des réalisations possibles, au milieu de difficultés sans nom, qui fit le génie de Cavour. Tout au moins, c'en fut la matière ; l'inspiration lui vint de son amour ardent pour sa patrie. L'Italie grande, qu'il voulait former par le petit Piémont, voilà sa foi, son idéal. Par ce sentiment invincible et sublime, ce hobereau à ventre de bourgeois devint un homme légendaire, aussi fort que les paladins, aussi noble que les apôtres.

Pourtant, que l'on ne l'oublie point, ici pour la prudence future, et là-bas pour la reconnaissance passée, nulle bravade ne prévaut contre la vérité : sans l'empereur Napoléon III, sans les armes françaises, Cavour n'aurait presque rien fait ; il le sentait si bien qu'il voulut se tuer quand l'empereur sembla fléchir. Aussi, devant cette statue du grand comte, on devrait dresser, là-bas, cette même statue de l'empereur infortuné, qui moisit à Milan dans une cour reculée ; ce serait justice pour l'Italie. Et les Français qui passeraient devant cette double image en seraient quittes pour baisser ou pour détourner la tête.

Ce gros petit homme jovial, qui disait, au milieu d'une crise terrible : « Nous avons fait de l'histoire, à présent allons dîner », ce sage qui savait si bien user et abuser des fous, abusa de l'amour que Napoléon III gardait à l'Italie, amour enraciné chez l'ancien insurgé des Romagnes, amour inexplicable pour qui ne se souviendrait point des origines bonapartistes. En vain Proudhon, dans des articles qui sont la meilleure partie de son œuvre caduque et lourde, clamait le danger de cette aventure, prédisait l'avenir et les revanches. Devant les yeux troubles du César rêveur, la folle idée s'était fixée : Cavour le sentit. Et, en face de cet homme hésitant, il dressait sa volonté ferme, sa passion tenace. « Malheur, disait-il, à qui abandonne avec mépris la terre qui l'a vu naître ! Quant à moi je suis décidé, je ne séparerai jamais mon sort de celui du Piémont. Malheureuse ou prospère, ma patrie aura ma vie tout entière. » Que sa patrie le fête donc, il mérite d'y demeurer immortel.

Ce ministre à l'âme pratique relisait Machiavel, dans sa retraite de Leri, après Villafranca. Certes, nous aurions eu besoin de tels hommes, froids et perspicaces dans l'action, enthousiastes dans la pensée et dans l'amour de leur pays. Au lieu des tristes avocats et des macabres professeurs qui causèrent la ruine de la France et prolongèrent sa défaite, il aurait fallu la main de timoniers aussi sagaces, aussi saintement désintéressés.

Cependant, Cavour expirait, le 6 juin 1861, cinquantenaire à peine. Et un autre comte, un comte allemand, avait su bien observer l'action de cette volonté forte sur la volonté vacillante, à éclairs, de Napoléon III. Ce que Cavour avait su faire pour une œuvre créatrice, l'autre sut l'imposer pour la destruction et le mal; ainsi le comte de Cavour prépara bien innocemment les voies au comte de Bismarck.

18

THÉODORE MOMMSEN

I

Berlin vient d'élever une statue au professeur Théodore Mommsen, historien allemand de Rome ; et Rome se promet, dit-on, de faire aussi son monument au professeur Théodore Mommsen, historien allemand. Cela est juste et naturel. On a les grands hommes qu'on peut, par le temps qui court.

Mommsen a laissé la mémoire d'un formidable travailleur. Son activité, qui tenait du prodige, fut très féconde pour l'Allemagne, et la collection des monuments rassemblés pour l'histoire germanique lui doit des trésors ; il n'enrichit pas moins le *Corpus* des inscriptions latines. Mais ces mérites, bien plus grands que le public ne saurait le croire, n'auraient jamais rendu son nom aussi populaire, s'il n'eût donné cette synthèse prodigieuse, audacieuse, de ses travaux érudits, cette œuvre qui est son *Histoire romaine*.

Chacun, s'il en a le courage, — et je viens de l'avoir pour la deuxième fois de ma vie, et je vous assure qu'il en faut ! — chacun, en France, peut se faire une opinion sur cet ouvrage ; il a été traduit deux fois, avec plus ou moins de bonheur.

On hésiterait à porter des mains profanes sur cette pyramide énorme ; surtout si l'on a le malheur d'être journaliste. Journaliste ! le professeur Mommsen ne savait pas de pire injure, et, pour accabler Cicéron, qui lui inspirait une haine tragi-comique, il n'a rien pu découvrir de plus infamant que de l'appeler « journaliste ».

Nous oserons pourtant redire, avec la modestie tremblante des profanes, que Théodore Mommsen vivifia sa grande histoire par l'usage, alors bien nouveau, qu'il sut faire de mainte science accessoire, où il était passé maître : philologie, épigraphie, numismatique même. S'il a peu et médiocrement usé du droit romain, c'est aux spécialistes de le reprendre.

Au milieu de tout cela, l'esprit le moins initié trouve bien des assertions hasardeuses ; et l'on appliquerait, aussi, à l'écrivain, sa propre sentence sur « l'attrait particulier que les antiquaires éprouvent pour ce qui ne peut pas être découvert, ou qui n'en vaut point la peine. »

La certitude, chez cet homme, est effrayante en sa constance, et son infaillibilité consterne. Et puis, le ton est à la fois dogmatique et vulgaire ; pensez à notre grand Fustel, à cette austérité sublime, et à cette majesté simple ! Le génie grossier d'un Mommsen fléchit aux idées générales; et la bassesse de son âme, — si j'ose m'exprimer ainsi, — la vilenie de son époque se manifeste dans les injures qu'il adresse aux nations vaincues par Rome; il les traite tout uniment de « rebut de l'humanité »; c'est ainsi qu'il s'en débarrasse. Aurait-il donc approuvé Tacite, qui, racontant la mort des Juifs, ajoute froidement « Petite perte ! *Vile damnum !* »

M. Mommsen est bien de la race la moins idéaliste que l'on ait jamais vue, la plus cramponnée aux biens terrestres. Est-ce une raison pour vilipender tout ce qui le dépasse ?

Il s'acharne, diront les uns, avec une ardeur inutile, contre ces Étrusques dont l'art et la civilisation, mal connus, semblent cependant grandir à chaque découverte. Il abîme, murmureraient les autres, les Toscans ou les Celtes, jouit de leur écrasement comme s'ils étaient ses contemporains, décerne des *satisfecit* aux Romains contre Hannibal. Et vous pensez bien que ce furieux Prudhomme contient, comme tout professeur d'histoire, un stratégiste en chambre !

Parfois le Prudhomme apparaît tout seul. C'est alors qu'il émet ces axiomes : « L'habitation est toujours l'élément de toute architecture. » Et, en effet, nous aimerions que l'on nous fît connaître un peuple où il en serait autrement.

Il blâme et raille « l'inutile majesté du temple

hellénique ». Il préfère, c'est évident, la *Siegesallee* ou la gare de Francfort, monuments expressifs, utiles. Avec cela, il lâche des considérations sur le « Dieu de l'histoire » et autres accessoires d'Université, de cours public.

C'est que le professeur teuton, pour créer ses épouvantables synthèses, adopte la méthode de l'exercice à la prussienne. On peut préférer Montesquieu, Michelet, pour Rome, et même Salammbô pour Carthage. C'est plus beau, et c'est aussi vrai, plus vrai, peut-être. Et puis, quand on a manié, si humblement que ce soit, les éléments de l'histoire, on a, sur la valeur foncière des assertions historiques, un scepticisme assez profond.

Ce qui paraît insoutenable, c'est la manie des comparaisons perpétuelles entre le présent et le passé. Lucilius comparé à Béranger, par exemple ! Renan abusa de ces jeux ; mais Renan était un artiste. Mommsen a la patte plus lourde ; et quand il parle poésie, ou mœurs élégantes, cela devient proprement bouffon.

Contre Virgile, contre Montaigne, il refuse à Caton le titre de grand homme. Mais César est grand à ses yeux, surtout tel qu'il lui apparaît, chiqué, truqué, méconnaissable, un vrai héros d'éloge académique. C'est que, M. Mommsen l'a dit, « ce n'est point la raison, c'est la passion seule qui travaille pour l'avenir ». Mais il est plusieurs sortes de passions ; la sienne était basse et rude.

Il a regretté que Rome n'ait pas eu son Bismarck.

Il est pourtant bien sûr qu'auprès de nos piètres Messieurs, de nos Cagnat nationaux, — sans parler de ceux qui apportent parmi nous les noms d'outre-Rhin, et l'espèce, et l'esprit rhénans, — il est évident que Mommsen fut un géant, un Polyphème entre les Myrmidons et les Pygmées. Mais — j'y reviens — qu'on le confronte avec les vrais historiens de France, avec les grands héros de notre science, et l'on verra ce que pèse cette statue.

II

C'est que, suivant sa propre maxime, « le grand écrivain est aussi un grand homme ». Or, l'on sait bien quel homme fut Mommsen, brutal et rampant à la fois, plein de mépris et d'insolence, âme de cuistre, fiel de vautour, caractère de Trissotin tudesque.

Chacun l'a vu, (et ceci n'est que l'anecdote ridicule), tituber ou rouler sur le pavé de sa Rome bien aimée, après les accolades trop nombreuses aux *fiaschi* des châteaux romains. Certain jour, un Français qui l'avait admiré, dans la matinée, tandis qu'il penchait à la Vaticane sa tête obstinée et rapace sur les textes qu'il déchiffrait, aperçut l'homme, le vieillard, qui tournoyait devant la Trinité des Monts; Mommsen était reconnaissable de très loin, même pour les myopes, par la tignasse blanche qui voltigeait sur ses épaules ; il était fier de ses cheveux, qu'il appelait mes « pauvres beaux cheveux » en larmoyant, lorsqu'il lui arriva de les flamber sur sa bougie. Respectueusement, le Français s'approcha. Mommsen lui saisit le bras : « Pouvez-vous me dire, bégayait-il, je ne, je ne vois plus la place, la place d'Espagne. » Chacun sait que ladite place se trouve exactement au bas du gigantesque escalier qui descend de la Trinité des Monts ; indiquer l'escalier abrupt à Mommsen privé d'équilibre, c'était le livrer aux dieux infernaux. Le Français n'osa point tenter l'aventure. Il prit le grand Germain par le bras, et l'aida dans la descente des rues qui contournent la pente. Il eut grand tort, mais l'érudition rend faible.

Voici une anecdote méchante : un soir, le bon historien Gregorovius, auteur d'une estimable *Histoire de Rome au moyen âge*, rencontrait Mommsen dans un palais romain. « Je suis perplexe, dit avec déférence Gregorovius, cher maître, j'ai fini mon histoire, conseillez-moi, quel sujet pourrais-je bien traiter à présent ? — Mais, grinça Mommsen, mais... l'histoire de Rome au moyen âge. » C'est le même aimable vieillard que j'entendis répondre, un jour, à une maîtresse de maison qui lui demandait si sa très nombreuse postérité s'était augmentée : « Oui, oui, j'ai encore un petit enfant, un petit-fils. C'est un de plus, un de plus à souffleter ! »

L'anecdote odieuse nous concerne directement. Ce personnage, sous prétexte qu'il avait étudié César, comme un Napoléon III, et Rome, ainsi que Duruy, mendiait à notre ministre de l'instruction publique, avant la guerre, je ne sais quelle prébende et quelle croix. Les lettres ont été publiées. Lorsque la France fut vaincue, le professeur Mommsen demanda, en ses écrits, que l'on écrasât bien la France, que Paris, l'infâme Paris, fût bombardé, anéanti. Vous croyez sans doute qu'il n'y devait plus reparaître?

Détrompez-vous. Je l'y ai vu, chez des membres de l'Institut. Et, bien mieux, l'Institut lui fit, un jour, un accueil solennel. Au lieu de renvoyer à ses paperasses et à ses inscriptions ce sinistre bonhomme qui osait nous venir ici,

> avec du sang, déshonoré d'encre, à ses mains,

des pédants chamarrés, ses disciples, lui firent fête. L'insulteur abject de la France fut reçu comme un patriarche. Ah! c'est que, dans ce temps, on était tout à l'Allemagne, on n'osait citer que les éditions allemandes, on ne jurait que par la science allemande. Et qui résistait, dédaignait, celui-là passait pour ignare ou stupide. On a dépassé, ce jour-là, le jour où l'on reçut Mommsen, toute permission d'être plats, dans certains milieux où, pourtant, la platitude est de rigueur.

Et cette France généreuse, indomptable, chevaleresque, la France du Verbe et de l'Idée, celle que Lamartine appelait « l'avant-garde de Dieu », vraiment, il n'appartenait point à des cuistres inconscients de l'incliner vers un Mommsen, ancien serviteur de Bismarck et qui ostentait sa livrée.

Mais heureusement, ces Messieurs-là, malgré leurs titres et leurs places, leurs cordons et leurs sinécures, ne représentaient point la France; ils ne représentaient qu'eux-mêmes, c'est-à-dire : rien du tout !

LE NÉPOTISME

I

« Népotisme, dit le *Littré*, désir chez un homme en place d'avancer ses parents. » Et je m'excuse tout d'abord d'employer ce titre pédantesque ; mais je dois parler, aujourd'hui, de professeurs et d'étudiants.

Ils font un assez beau bruit, là-bas, sur la rive gauche ; et ce bruit-là n'est pas pour nous contrister. Outre que ces assauts variés nous permettent enfin de ne plus penser à l'affaire Steinheil, on se plait à voir que justice commence à être faite, et qu'on résiste aux manitous, aux pontifes qui s'entrenomment, s'entredécorent et s'entr'encensent, aux fabricants de « népotisme », à quelque Faculté qu'ils doivent leurs prébendes et leur mandarinat.

Le vacarme le plus utile a d'abord semblé se commettre à la Faculté de médecine. Les « chers maîtres » ont perdu pied, ils ont appelé des gendarmes, ce qui ne réussit jamais au pays de Guignol, ils ont dit ce qu'il fallait taire. Si, d'après leurs expressions, « les étudiants sont aujourd'hui des citoyens comme les autres, passibles des mêmes juridictions », ils ont, ces citoyens, le droit et le devoir de protester, au besoin par la force, contre les lois de faveur et les juridictions exceptionnelles. N'y aurait-il donc de droit à la protection que pour messieurs les membres d'un jury, d'un conseil, supérieur ou soi-disant tel ?

A l'exception de quelques bonzes cramponnés à leur sinécure, qui donc ne serait avec ces chers étudiants, nos amis, nos alliés vers le progrès ? « Liberté des corps enseignants et autonomie des écoles », ces mots ont été prononcés par ceux qui combattent aux côtés des étudiants. Et c'est une devise digne d'être conservée.

Mais quel coup de râteau faudra-t-il donner pour que la liberté, que l'autonomie, s'implantent dans le terrain mol et putride des concours officiels, et pour que l'on puisse former des écoles où la science prime sur tout ? Le mal du « cher maître » qui prend le bon disciple, bien docile et bien plat, qui se l'asservit, le cuisine, et lui donne enfin le prix des longues servitudes, ce mal n'est point d'hier. Et c'est là, dans la Faculté de médecine, la forme spéciale de népotisme. On verra qu'autre part la même maladie honteuse a des accidents différents.

Oui, je me souviens d'avoir vu, dans une circonstance tragique presque, un bel exemple de la terreur que certains grands dieux du scalpel et du bistouri savent inculquer à leurs élèves, aspirants morticoles. Dans ma famille, une personne agonisait ; le chirurgien qui la soignait était parti pour la province, jusqu'au lendemain. Il fallait une intervention immédiate, et, par suite de hasards divers, le seul praticien utile à invoquer était candidat à l'agrégation, justiciable du maître absent. Je me souviendrai toujours des supplications qu'il fallut, des influences que l'on dut faire agir, afin d'obtenir de l'élève le geste sauveur que le maître et le juge avait différé mal à propos ; il reconnaissait que la mort était là, qu'il pouvait l'écarter, — et de fait le malade vécut quinze ans après ses soins. — « Mais, disait-il, X... est mon juge : je ne veux pas chasser sur ses terres. »

Ses terres ! la chasse gardée ! Mais le gibier, c'est nous-mêmes. Et puis, la carrière de la médecine, la plus belle de toutes quand elle est dignement exercée, n'a-t-elle pas assez de pièges, de difficultés, de lenteurs, sans que les sentiments humains les moins élevés interviennent pour en augmenter les obstacles et en compliquer les périls ? Il nous semble, à nous, les profanes, et même au fils de médecin que je suis, voir un spectacle bien peu noble, lorsque des maîtres placés par leur science et leur chance au sommet de leur métier, cherchent à créer des chapelles, à choisir des favoris pour les élever à la brochette et s'en faire d'obéissants caudataires. Si j'avais, ce qu'à Dieu ne plaise, une fonction de potentat, je crois que je préférerais à tous les autres jeunes gens ceux qui seraient indépendants, même rebelles un tantinet. Mais évidemment la mentalité de ces messieurs, pour employer leur langage, est trop loin de moi.

II

Plus haut dans le pays latin, une autre Faculté, celle dite des Lettres, a d'abord fait moins de bruit, si la besogne y était plus mauvaise encore. Elle se rattrape à présent, et nous pouvons prévoir le jour où les professeurs y feront leur cours entre deux factionnaires, et derrière une batterie de canons ou de mitrailleuses.

Je commence par regretter que le horion, peu grave par bonheur, soit tombé sur mon ancien camarade, Aimé Puech ; mes souvenirs me le montrent comme le plus doux et le plus charmant des hommes, et jamais Euripide ne dut lui faire prévoir cette bagarre.

Le hasard, dont personne n'est maître, a bien mal choisi sa victime.

Quoi qu'il en soit, et en attendant le jour prochain où les professeurs suivront un cours de jiu-jitsu, tout se décroche dans la nouvelle Sorbonne. On a même parlé, dans le quartier, d'un dégoût qui pousserait à l'abdication le doyen actuel. Il est certain qu'un homme tel que M. Croiset ne doit pas toujours être à l'aise dans ce milieu ; ses souvenirs doivent le lui représenter si différent !

Quant à lui, c'était, semble-t-il, l'homme le plus parfaitement digne d'un rang supérieur ; la science consommée, unie à la grâce de la parole, les manières les plus courtoises, pas l'ombre de morgue ni de pédantisme, c'était pour attirer, retenir toute sympathie. Et puis, sa tâche paraissait facile ; il succédait à un vieillard sempiternel, fantôme ou fantoche, bon vieux marabout déplumé, auprès de qui le très illustre colonel Ramollot aurait eu l'envergure d'un condor. Mais les qualités tout intellectuelles du doyen Croiset se sont montrées insuffisantes à enrayer le mouvement irrésistible. Car il y a, comme dirait un auteur inscrit au programme, « il y a quelque chose de pourri dans le royaume de Danemark » ! Et ce n'est point seulement, comme on l'a dit naguère, un bruit, un grand bruit de casseroles que l'on entend sur la montagne ; tous les instruments de cuisine semblent mêlés dans ce fracas. Car le népotisme sévit là-dedans, depuis des années, sous sa forme originelle, et dans le sens, si je puis dire, étymologique et concret.

Qui donc proposait une ligue pour l'extinction du beaupérisme ? Comme il triompherait, ici ! Gendres de cher maître, fils de cher maître, — et lesquels ! — frères de cher maître, beaux-frères de cher maître, cousins, neveux, parents de tout poil et de toute main, ils foisonnèrent, envahirent, et les dynasties alliées débordèrent jusqu'aux collèges voisins, jusqu'aux corps savants déjà surpeuplés par les disciples.

Ils sont trop, vraiment. Et l'on peut prévoir le jour où quelques députés avertis sauront éplucher du budget tant de cours utiles aux seuls professeurs : que si des gens éprouvent un besoin bizarre, impérieux, de s'édifier sur la métrique de Silius Italicus ou sur un *Corpus* quelconque, ne suffirait-il pas d'ouvrir un local à ces fêtes, et de laisser acquitter la carte par les auditeurs ? Pourquoi payons-nous ces gens-là ? Qu'ont-ils de commun avec nous ?

> Dans la Sorbonne, endroit revêche et mauvais lieu
> Dévidant leur leçon et filant leur quenouille,

disait jadis Victor Hugo, de l'Académie française. Est-ce à nous de fournir le fil pour ces quenouilles moribondes ?

J'ai personnellement une gratitude infinie à cette Faculté des lettres. Elle m'a montré, d'une seule expérience, ce qui grouille au fond des mares officielles ; par ses soins, encore empêtré dans les traditions factices, j'ai dû, j'ai su comprendre la grande sentence de Dante, « et me faire mon parti moi-même ». Je regrette de ne pas mieux reconnaître aujourd'hui ce service, capital autant qu'involontaire. Ce sera pour une autre fois.

Mais, enfin, tout le monde ne peut pas lui demander ces leçons-là. Et vraiment, celles qu'elle donne en ce moment dans certains cours sont telles, et si ridicules, ou si niaises, ou si odieuses, que seule la renommée de quelques maîtres la sauve encore ; si les noms de ceux-là lui manquent, et si elle ne prend garde à enrayer le mouvement qui l'entraîne vers sa voisine la préfecture de police, elle justifiera bientôt, aux yeux du public, toutes les colères de nos amis les étudiants. Et justice finira par se faire. Elle se fait toujours.

Le mal vient de loin. Il vient du jour où des personnages, que leur Passé ne semblait guère prédisposer à servir avec zèle la République, ont enrégimenté les étudiants et les candidats, les élevant à la becquée afin d'en faire leurs séides. Il vient, aussi, de la faiblesse que montrèrent aux effrontés, aux impudents et aux casse-cou des hommes sérieux et probes, faits pour la science et la pensée, mais qui ne pouvaient résister aux politiciens officiels et aux complaisants que gavaient, qu'entretenaient ces messieurs-là. Je ne citerai point de nom ; les noms sont dans toutes les bouches. Et la curée opportuniste a fait peut-être autant de mal, même sous sa forme plus récente de radicalisme, a créé autant de scandale ici que dans la politique. Et elle a laissé, comme ailleurs, les caractères amoindris, la considération envers les maîtres affaiblie chez les jeunes gens, au moins chez ceux qui ne prétendent à aucune part dans le gâteau.

LA FACULTÉ DES LETTRES

I

On a beaucoup parlé de la Sorbonne depuis quelques mois, et l'on n'en a point dit de bien. Ses amis les plus courageux jugeaient sans doute l'entreprise désespérée. Je me trompe : une voix éloquente, ou plutôt diserte, s'est élevée pour célébrer la Faculté des lettres ; c'était la voix de son doyen. J'envie ceux-là qui l'entendirent ; au temps néfaste où nous suivions, Dieu sait pourquoi, des cours publics, les leçons de ce professeur, qui est devenu le doyen, étaient une de nos très rares consolations ; il n'a rien perdu de son charme et de son élégance ; à lire les paroles qu'il a prononcées, on retrouve toujours l'homme nourri des écrivains attiques, l'esprit rompu aux disciplines des sophistes athéniens.

Il a défendu la maison qu'il dirige, ou plutôt préside, car on ne saurait diriger le chaos, régler le néant ; mais il affecta de combattre surtout un certain préjugé qui égarerait le public en lui persuadant l'existence d'une « crise du français ». Il protesta judicieusement que la Sorbonne, avec plus d'appareil scientifique et de doctrine exacte, enseignait toujours l'art de composer et d'écrire. Et il se demandait « à quelle époque les jurys d'agrégation n'ont pas constaté la faiblesse de la composition française ».

En ceci, M. le Doyen avait parfaitement raison. Il est vrai que, dès l'origine, ni les classes dans les Lycées ni les cours ou les conférences à la Faculté des lettres n'apprirent à bien penser, ni à bien écrire. Feuilletez, s'il en reste sur les quais après l'inondation, les annales moisies des anciens Concours généraux, et, si vous avez l'infortune d'avoir passé les examens universitaires, rappelez-vous les pages graves que l'on vous faisait perpétrer sur les « matières » les plus baroques. Je vois encore le puant réfectoire du Lycée Saint-Louis où, par un jour brûlant d'Août, parmi le relent du graillon, nous faisions parler Mathurin Régnier ; les premiers de notre équipe savent sans doute quelle peine ils ont eue à se délivrer du style et de l'esprit scolastique.

M. le Doyen a raison ; l'éducation de la Sorbonne fut toujours nulle et détestable. Et peu importe si les livres produits dans cette officine sont bien ou mal composés, mal ou bien écrits ; en dehors de ceux que leur état d'étudiants force à les parcourir, personne certes ne les lit. Sauf le bon Gebhart, qui était suspect et un peu paria, vers la fin, qui donc relirait, de Lenient à Crouslé, de Caro à Martha, les œuvres de ces bons messieurs ? Je parle du temps où l'on « composait », où l'on « écrivait ». Car ils fabriquent, à présent, des phrases sans verbe ; j'en conserve, dans mon grenier.

L'écrivain n'apprend à écrire que seul, et loin de toute chaire officielle, en vivant sa vie, en gagnant son expérience et son originalité par la réflexion, l'étude, et l'effort personnel, — sans maîtres.

C'est égarer l'opinion publique, par des procédés scolastiques et des arguties de rhéteur, que de faire porter toute la défense sur cette question, sur cette crise du français, qui a fait verser tant d'encre aux universitaires. Sans doute, le dédain qu'affecte, et pour cause, la Faculté des lettres envers les lettres elles-mêmes, et le goût, et le style, et le talent, sans doute cette barbare et risible affectation de science, d'érudition, qu'elle a voulu mettre à la mode après les Allemands et d'après eux, ce sont là des défauts, des vices intellectuels qui devaient fâcheusement retentir, à cause des examens, sur l'enseignement secondaire luimême, défendu bravement, mais inutilement, par beaucoup des excellents maîtres qui le donnent en France.

Mais si l'on veut réfléchir aux effets de telles méthodes, on comprendra vite qu'ici la forme n'est pas seule à se gâter, mais le fond même, l'esprit et la pensée. Nous avons, à côté de nous, en Italie, l'exemple le plus frappant de ce que peut produire dans un pays la discipline pédantesque, l'érudition mal comprise ; que l'on veuille bien mesurer les résultats intellectuels de la culture italienne aux époques contemporaines, cet amas d'opuscules morts ou de gros livres moribonds, cette nullité dans le style, cette imitation stérile dans la plupart des œuvres imaginées, cette lourde et pénible et vaine manie d'ergotage et d'épluchage dans les ouvrages d'histoire ou de critique ; et, dans le pays de Dante, de Machiavel, de Manzoni, la poésie dégradée, l'histoire balbutiante, le roman (sauf deux ou trois tempéraments désordonnés) confus et fastidieux ; si bien qu'il faut songer aux peintres et aux musiciens de ce pays, pires encore, pour en excuser, par comparaison, les littérateurs et les érudits. Voilà ce que fait d'une race, autrefois féconde, subtile et artiste, l'éducation donnée par un enseignement supérieur qui abdique et méprise les qualités essentielles de son propre pays. Voilà ce qui, peut-être, nous menace, aussi cruellement, un jour prochain, si nous ne savons pas nous défendre.

II

Non, la question est plus grave, je le répète ; il ne s'agit point de savoir si la Sorbonne enseigne mal la composition française, et le style, qui ne sont point de son ressort, si, même, elle donne une trop large place aux minuties techniques, et à la méthode de la pure érudition. Il s'agit désormais, pour elle, en face du public bourgeois qui lui confie l'élite de sa jeunesse, en face du public français qui la paye et qui l'entretient, de se laver d'un reproche plus grave, et de justifier son droit même à l'existence.

On est en droit de reprocher à cette Faculté des lettres sa désertion, sa faiblesse devant les attaques et les efforts de l'enseignement inférieur. Depuis dix ans, au moins, on y trahit, pour des motifs que je ne veux ni rechercher ni qualifier, la cause de la culture générale. La Sorbonne est complice, par fainéantise ou par intérêt, du mouvement continu qui abaisse, dégrade, corrompt jusqu'à l'anéantir notre enseignement secondaire. La médiocrité soi-disant démocratique l'envahit. Et la plainte n'est point de nous; elle vient d'un professeur, de dix professeurs, et de cent, elle a paru dans les revues à grand tirage; elle a été répétée par le grand journal qui est comme le *Moniteur* officieux de l'Université. Les raisons de cet abaissement, concerté par l'école primaire et l'enseignement supérieur, la fabrication de l'étau qui enserre l'enseignement secondaire, l'émiette et le démolit, ce sont là choses trop connues. Les détails ont été donnés partout; ils sont aussi fastidieux que leurs effets sont lamentables. Passons.

Une autre conséquence plus grave, et sur laquelle il faudrait insister davantage, parce que, nous autres gens libres, nous pouvons le faire ouvertement, c'est l'esprit même de la Faculté, c'est les méthodes qu'elle emploie et les résultats de ces méthodes. Ici apparaît tout en plein ce que l'on a pu nommer la « jalousie de Caliban ».

La première marque de l'esprit mauvais, c'est l'oubli des traditions françaises. C'est le laisser-aller vers les tendances cosmopolites. Ceci mène à l'inconscience ; pareils au catoblepas de Flaubert, lequel « se dévorait les pattes sans s'en apercevoir », nos professeurs accueilleraient, sans le savoir, les ennemis, pourvu qu'ils soient étrangers. C'est ainsi que, l'année dernière, il a fallu nous en mêler pour qu'on ne vît point, en Sorbonne, glorifier un Carducci, sifflé jadis, en 1891, à Bologne, par les étudiants italiens pour excès de gallophobie.

Puis la paperasse, la fiche, la fausse érudition par les notules et les bibliographies illusoires fut signalée : c'est une autre plaie. Enserrée par l'Ecole des chartes et l'Ecole des hautes études, qui suffisent à des besognes exactes et bien concertées, la Faculté des lettres n'offre qu'une parodie inutile et de l'une et de l'autre. S'il plaît à certaines personnes d'entendre, durant une heure, expliquer quatre vers d'Horace ou commenter un paragraphe de Caton l'Ancien, si les variantes d'un texte stoïcien les passionnent, ne peut-on permettre à quelques *privat docent*, payés par elles, de leur dispenser les joies qu'elles recherchent ? Il me semble que la commission du budget trouverait dans la Faculté bien des économies à faire, si elle s'avisait jamais d'éplucher ces tristes programmes, si copieusement payés.

A côté des cours inutiles, de pédantisme pur ou de pur rabâchage, il y a les cours franchement nuisibles. Mais une certaine prudence, ou l'extrême médiocrité de ceux qui les font, inspirèrent l'idée charmante de les rendre inaccessibles aux profanes. Alors, me dira-t-on, si l'on n'y va point, ils sont inoffensifs ? Point du tout. Vous n'y allez pas, ni moi non plus, nous qui pourrions résister à l'esprit mauvais, hausser les épaules aux doctrines perverses. Mais ils sont bien soigneusement réservés aux étudiants ; et tel professeur parlera de science sociale aux jeunes gens, qui, me dit-on, fut autrefois l'inspirateur et le souffleur des théories socialistes proclamées par M. Jaurès. Le même personnage fait un cours à la jeunesse française, qui aura gonflé de son souffle l'outre sonore d'où s'échappent les tempêtes que vous savez.

Si l'on veut serrer de plus près la réalité, l'on peut faire, à travers ces cours, les uns oiseux, les autres nuisibles, une promenade instructive. Nous la ferons, qui sait ? un de ces jours. Il est triste, sans doute, lorsqu'on aime les lettres, la culture de France et le génie de France, de s'enfourner, même en passant, dans l'officine où se perpétrent la négation du talent, l'avilissement des doctrines nationales, la destruction de la beauté française; mais enfin, puisqu'on nous détruit lentement le public lettré, puisqu'on corrompt tous ceux qui peuvent être l'espérance et l'avenir, pourquoi laisserions-nous faire sans user, un peu, de nos armes? Il faut se résigner à des sacrifices pour réagir contre la sourde et malheureuse et continuelle influence qui veut rabaisser ce pays. Il faut retarder, si l'on peut, le jour où deviendra tout à fait vraie cette parole de Renan (je cite un auteur bien en cour à la Sorbonne) : « Définitivement, Jupiter livre le monde aux myrmidons et aux butors. » Si Caliban doit régner un jour, nous pouvons au moins retarder l'heure de son avènement.

LA FAILLITE DES « GENS PRATIQUES »

Eh bien ! l'avions-nous assez dit, qu'avec les méthodes prétendues « modernes », par cette campagne acharnée que l'on mène, en haut et bas lieu, contre tout ce qui est le génie et la tradition de France, on allait tout droit au néant ! Voici qu'une voix s'élève pour nous donner raison ; et ce n'est point celle d'un homme à esprit réactionnaire, ou d'un rêveur, ou d'un dilettante. M. Guillain, ancien ministre des travaux publics, inspecteur général des ponts et chaussées en retraite, parle au nom du Comité des forges de France ; il écrit au ministre de l'Instruction publique afin de protester contre la suppression des avantages accordés jusqu'ici, dans les examens de l'École polytechnique, aux candidats « pourvus du certificat de la première partie du baccalauréat avec l'une des mentions indiquant des études latines ». Il parle comme mandataire de « ceux qui ont l'honneur d'être aujourd'hui à la tête de l'industrie française ». C'est l'Université qui leur prépare les collaborateurs nécessaires; et ces collaborateurs-là, grâce aux méthodes dites nouvelles, arrivent médiocres et insuffisants. Pourquoi ?

Pourquoi ? Ce n'est pas nous, les lettrés, les mandarins, les gens « peu pratiques », ce n'est pas nous qui le dirons ! Prenons le texte même, le texte écrasant et précis que ces hommes rompus aux grandes affaires, ces esprits formés aux réalités et aux responsabilités graves, viennent de rédiger pour se plaindre. Nous y voyons proclamée tout d'abord « l'extrême importance que présente l'enseignement secondaire au point de vue de la formation de leurs futurs collaborateurs ». Cet enseignement forme « les bases » de l'enseignement technique, ultérieurement reçu dans les écoles spéciales; et cet enseignement technique est « contrarié par l'insuffisante préparation » des sujets auxquels il s'adresse.

« Nos jeunes ingénieurs, dit la lettre écrite par le Comité des Forges de France, sont, pour la plupart, incapables d'utiliser avec profit les connaissances techniques qu'ils ont reçues, par l'incapacité où ils sont de présenter leurs idées dans des rapports clairs, bien composés et rédigés de manière à faire saisir nettement les résultats de leurs recherches, ou les conclusions auxquelles les ont conduits leurs observations. Cette incapacité n'a pas seulement pour effet de diminuer la valeur et le rendement utile de nos collaborateurs, elle a en plus le grand inconvénient de diminuer singulièrement le nombre des hommes que la netteté et l'ampleur de leur intelligence, la rectitude et la profondeur de leur jugement, désignent pour diriger les grandes affaires, en créer de nouvelles, et maintenir la France au rang que, malgré la faiblesse de ses ressources naturelles, son clair génie a su lui assurer... » En dispensant la jeunesse, et, de plus en plus « de la pénible et fructueuse nécessité de l'effort personnel, on arrive à ceci, par les funestes programmes de 1902, qu'à l'heure actuelle, si l'enseignement moderne ne nous donne pas ce qu'on nous avait promis, des jeunes gens bien armés pour la vie, ayant la pleine pratique des sciences usuelles et des langues étrangères, ce qui reste de l'enseignement classique n'assure plus aux grandes Écoles, chargées de former les futurs chefs du travail national, des sujets assez largement et puissamment cultivés pour recevoir utilement l'enseignement supérieur qu'elles dispensent ».

Est-ce assez clair? assez complet? J'ai voulu citer textuellement toute la page; elle devrait être affichée dans les écoles primaires, dans les écoles spéciales, et dans les classes des lycées; elle mérite un commentaire.

Le Tout-à-l'État que prônèrent, depuis tant et tant d'années, ceux qui nous défont la patrie, commence à montrer ses effets. C'est une loi certaine, qu'une puissance sociale sans contrepoids s'affole et se corrompt, et corrompt et affole tout ce qu'elle prétend régler. Il y eut, parmi les néfastes personnages qui assumèrent et poursuivirent avec opiniâtreté la tâche funeste de démolir et d'émietter la France, il y eut des inconscients sans nombre, et il y eut, aussi, des malfaiteurs conscients et systématiques. Nous qui avons plaint et méprisé les uns, combattu et détesté les autres dès la toute première heure, — et l'on sait ce qu'il en coûtait, — nous avons passé pour aveugles, pour passionnés, ou pour absurdes. Car il se produisait ceci, que les sectaires accusaient d'esprit étroit et rétrograde ceux qui signalaient le danger de leurs méthodes et la criante insanité de leurs efforts.

Maintenant, qui parle contre eux ? qui dénonce, par les effets indéniables qu'elle apporte, leur œuvre de destruction calculée, et désignée sous les apparences du progrès ? Est-ce nous, les aristocrates prétendus, les inutiles chercheurs de beauté surannée ou de ridicule idéal ? On nous rabaissait l'esprit public, et nous nous plaignions, et l'on riait, là-bas, en bas ; nous répétions qu'on ruinait le génie même de la France en abolissant la culture traditionnelle, en supprimant les lettres, en abdiquant cette méthode de clarté, de logique et de certitude qui est celle des belles-lettres, de ces lettres qui, selon l'antique formule, vous rendent plus humain, plus homme, « *humaniores litteræ* », les antiques « humanités » ; et l'on riait, là-bas, en bas !

Ah ! messieurs de la primaire, messieurs du conseil supérieur, et vous, messieurs des Facultés, qui passiez à l'ennemi pour vous faire mieux renter et décorer plus largement, voici qu'on vous parle un langage qui n'a rien de littéraire. Il s'agit d'intérêts flagrants. Vous entendez bien : ce n'est plus au nom du style, au nom de l'art, au nom de la morale ou de la tradition que l'on vous parle ; c'est la matière qui se plaint, c'est l'industrie qui souffre et s'abaisse. Cette fois-ci, cela vaudra vraiment la peine qu'on écoute.

C'était pourtant clair comme le soleil, qu'un peuple sans culture ne fait ni science supérieure ni industrie victorieuse. Depuis Pascal jusqu'à Claude Bernard, les hommes de génie ont eu les deux génies et les deux cultures ; et Napoléon emportait une bibliothèque dans ses bagages de campagne. Il serait ridicule même d'insister. Seulement on nous a donné, peu à peu, l'habitude exécrable de laisser nier l'évidence. Mais voici que les faits protestent, comme ils protesteront toujours contre les méthodes menteuses.

Alors, retournons l'argument, et disons bien haut : « Mais c'est vous, les apôtres de l'abaissement intellectuel et de la médiocrité prétentieuse, c'est vous, messieurs les directeurs, inspecteurs et autres seigneurs en *eur*, qui êtes en dehors des lois sociales, naturelles, en dehors de la vérité pratique. Regardez un peu ; voici ce que produit la lente élaboration de vos méthodes, voici les fruits de vos victoires : des fruits secs, et des « incapables », le mot n'est pas de nous, mais de ces juges compétents des apports matériels, mais de ces personnes qui voient, jugent et pèsent au plus juste les valeurs fournies, les produits, à leur taux exact et à leur titre indiscutable.

« Relisez donc leurs plaintes, messeigneurs, et que votre infaillibilité dérisoire y apprenne à être modeste. Votre enseignement fait faillite ; voici que vous avez détruit ce qui était la fleur et comme la couronne de la patrie ; vous ne saviez point que le luxe de la pensée n'est pas moins nécessaire aux hommes que le luxe matériel ; vous ne vouliez plus créer, dans les vastes champs d'épandage de l'enseignement réformé, que des légumes utilitaires ; bien, votre expérience est faite, parfaite, et jugée ; on le sait à présent, vos engrais intellectuels ne fertilisent même pas. Votre Tout-à-l'État a déshonoré sans profit l'élite intellectuelle, tronqué par les bases la production de cette élite, aussi nécessaire et plus nécessaire que les sujets d'ordre commun ; car on supplée parfois au nombre des ouvriers ou des sous-ordres, mais une affaire ne va point sans un chef, pas plus qu'une armée sans un général ou un corps vivant sans une tête. »

L'expérience est faite ; il y aurait lieu, semble-t-il, non seulement d'appuyer les réclamations de nos grands industriels, mais d'instituer une enquête où l'on en appellerait à leur compétence, où l'on recueillerait leurs plaintes, leurs désirs, leurs revendications ; on trouverait, alors, et les remèdes et les causes de l'état lamentable où la tyrannie des uns et la faiblesse des autres a réduit notre enseignement ; on connaît bien les plaies d'en bas, celles de l'enseignement primaire ; on connaît moins celles d'en haut, celles de l'enseignement supérieur. Nous y touchions l'autre jour ; afin d'arriver à défaire ce qu'on a fait de dangereux, de néfaste, nous pourrons y toucher encore.

Jusqu'ici l'opinion publique ne s'émouvait que lentement, parce qu'on lui cachait l'état réel et les effets profonds des réformes pernicieuses, systématiquement poursuivies pour rabaisser, dans un esprit de démocratie ou plutôt de médiocratie mal comprise, tout ce qui a créé la France, son caractère et son génie. On persuadait au public enivré de réalisme et de matérialisme qu'on préparait des ouvriers incomparables et des chefs sans pareils pour les œuvres de la matière ; mais le public saura désormais qu'on prépare des non-valeurs, des incapables, et qu'on nuit aux intérêts matériels dont on prétend faire l'unique but et la loi souveraine. Alors, devant les intérêts lésés, en face des révoltes qu'expriment les industriels compétents, en présence des inquiétudes et des souffrances matérielles créées par l'imprudence et par l'ignorance de certains sectaires, alors, peut-être, le public français saura comprendre et protester.

TABLE

Pages.

PARIS

Musées payants	3
Poussières et clochers	9
Feu le Palais-Royal	16
Pour la beauté de Paris	22
« Motifs d'aquarelle »	27
La propreté physique de Paris	38
La propreté morale de Paris	43
Un bonhomme de jadis	50
Les reliques de Paris. La maison de Balzac	57
Les reliques de Paris. Saint-Germain de Charonne	65
La maison de J.-J. Henner	73
Paris difforme	80
Au diable au vert	87
Le Bois de Boulogne	94
L'enlèvement de la Joconde	101
Au Jardin des Plantes	107
La « Direction » des Beaux-Arts	114

BANLIEUE

Le Parc de Saint-Cloud	125
L'auberge du Petit-Trianon	133
La Vallée-aux-Loups	136

GENS DE FRANCE

Émile Gebhart. 149
Nancy, porte de France 154
Patrie. 159
Mérimée épistolier 165
Le Guignol lyonnais 170
Premier mai d'autrefois 176
Jules Verne. 183
L'apothéose de Frédéric Mistral. 189
Pour nos trésors. 196

QUELQUES ARTISTES

La Cène de Léonard de Vinci à Milan. 205
Jean Bologne 212
Ligier Richier. 219
Frédéric Chopin. I 226
Frédéric Chopin. II. 234
Robert Schumann 240
Tête de Sire 246

CUISTRES

Un savant (?) 255
Josué Carducci ou le poète professeur . . . 262
Le comte de Cavour 269
Théodore Mommsen 274
Le népotisme 282
La Faculté des lettres 289
La faillite des « gens pratiques » 297

PARIS

IMPRIMERIE SPÉCIALE

DE LA LIBRAIRIE BLOUD ET Cie.

BLOUD et Cⁱᵉ, Éditeurs, 7, place Saint-Sulpice, Paris-6ᵉ

Maurice BARRÈS, de l'Académie française. — **Vingt-cinq années de Vie littéraire.** Introduction par Henri BREMOND. 1 vol. in-16 broché . . . . 3 fr. 50

Marcel DIEULAFOY, de l'Institut. — **Le Théâtre édifiant en Espagne.** *Cervantès, Tirso de Molina, Calderon.* 1 vol. in-16 broché . . . . 3 fr. 50

Émile GEBHART, de l'Académie française. — **La Vieille Église.** — **Les Jardins de l'Histoire.** — **Souvenirs d'un vieil Athénien.** — **De Panurge à Sancho Pança.** — **Contes et Fantaisies.** — **Petits Mémoires.** — **Les Siècles de bronze.**
Chaque volume in-16 broché . . . . 3 fr. 50

Amédée GUIARD, docteur ès lettres. — **Virgile et Victor Hugo.** 1 vol. in-8° broché . . . . 7 fr. 50

Du même auteur : **La Fonction du Poète.** Étude sur Victor Hugo. 1 vol. in-16 broché . . . . 3 fr. 50

Henri JOLY, de l'Institut. — **L'Italie contemporaine.** Enquêtes sociales. 1 vol. in-16 broché . . . . 3 fr. 50

A. KOSZUL, docteur ès lettres. — **La Jeunesse de Shelley.** 1 vol. in-16 broché . . . . 4 fr.

Étienne LAMY, de l'Académie française. — **Au Service des Idées et des Lettres.** Introduction de Michel SALOMON. 1 vol. in-16 broché . . . . 3 fr. 50

Du même auteur : **Quelques Œuvres et quelques Ouvriers.** 1 vol. in-16 broché . . . . 3 fr. 50

Ch. MARÉCHAL, agrégé de l'Université. — **Lamennais et Lamartine.** Ouvrage couronné par l'Académie française. 1 vol. in-16 broché . . . . 3 fr. 50

Du même auteur : **Le véritable « Voyage en Orient » de Lamartine,** d'après les manuscrits originaux de la Bibliothèque nationale. (*Documents inédits.*) Ouvrage couronné par l'Académie française. 1 vol. in-8° broché . . . . . 7 fr. 50

Ernest SEILLIÈRE. — **Barbey d'Aurevilly, ses Idées et son Œuvre.** 1 vol. in-16 broché . . . . 3 fr. 50

Vicomte E.-M. DE VOGÜÉ, de l'Académie française. — **Les Routes.** Préface par le Comte D'HAUSSONVILLE, de l'Académie française. 1 vol. in-16 broché . . . . 3 fr. 50

Du même auteur : **Sous les Lauriers.** Éloges académiques. 1 vol. in-16 broché . . . . 3 fr. 50

André GODARD. — **Le Procès du IX Thermidor.** 1 vol. in-16 broché, orné de deux hors-textes . . . . 3 fr. 50

Maurice BRILLANT. — **Le Charme de Florence.** 1 vol. in-16 broché . . . . 3 fr. 50

Théodore BOTREL. — **Les Alouettes,** poésies. 1 vol. in-16 illustré, broché . . . . 3 fr. 50

PIERRE-GAUTHIEZ. — **Contes sur vélin.** 1 vol. in-16 broché. Prix . . . . 3 fr. 50

Du même auteur : **Promenades parisiennes,** croquis et fantaisies. 1 vol. in-16, broché . . . . 3 fr. 50

erre-Gauthiez

romenades

arisiennes

PARIS

BLOUD

et Cie

ÉDITEURS

www.ingramcontent.com/pod-product-compliance
Lightning Source LLC
Chambersburg PA
CBHW070632160426
43194CB00009B/1445